이 책을 _____ 님께 드립니다.

우주탄생의 비밀
빅뱅인가 창조인가

Text Copyright ⓒ 2011 John C Lennox. Original edition Published in English
under the title GOD and Stephen Hawking by Lion Hudson plc, Oxford, England.
Copyright ⓒ Lion Hudson plc, 2011

Korean language edition ⓒ 2012 by Freewill Publishing Company
Korean Translation right arranged with Lion Hudson plc, London,
UK through EntersKorea Co., Ltd., Soul, Korea.

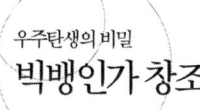

우주탄생의 비밀
빅뱅인가 창조인가

초판1쇄 인쇄 2019년 01월 10일
초판1쇄 발행 2019년 01월 15일

지은이 | 존 C. 레녹스 (John C. Lennox)

펴낸 곳	프리윌출판사	기 획	박영만
디자인	김경진	홍 보	박혜선
마케팅	임인엽, 박혜린	관 리	김형순

출 력 | POD컴퍼니   인 쇄 | POD컴퍼니

등록번호 | 제2005-31호   등록년월일 | 2005년 05월 06일
주소 | 경기도 고양시 덕양구 삼원로3길 7 302호
전화 | 02-381-8305   팩스 | 02-381-8303
e-mail | yangpa6@hanmail.net

값 10,000원
ISBN 979-11-87110-93-4 03400
ⓒ프리윌출판사 2019

※ 이 책의 한국어판 저작권은 (주)엔터스코리아를 통한 저작권자와의 독점계약으로
   프리윌출판사가 소유합니다.
   신 저작권법에 의하여 보호를 받는 저작물이므로 무단전재와 무단복제를 금합니다.

※ 잘못 만들어진 책은 구입처에서 교환해 드립니다.

이 책의 배경

영국의 천체물리학자 스티븐 호킹이 세계적인 종교 논쟁을 촉발시켰다. 호킹 박사는 자신의 저서 <위대한 설계Grand Design>에서 우주를 탄생시킨 것은 신(神)이 아니라 중력의 자연법칙에 의한 빅뱅이라고 주장했다. 그러면서 그는 신의 존재를 부정하는 시각을 내비쳤다. 이 주장에 대해 수많은 종교인이 비난에 나섰고, 이에 맞서 비非 종교인들이 호킹 박사를 지지하면서 양측 간 치열한 논쟁이 펼쳐지고 있다.

영국 성공회를 이끄는 로완 윌리엄스 캔터베리 대주교는 '과학자들은 우주 탄생의 근원이 빅뱅이라고 주장하면서, 정작 빅뱅이 무無의 상태에서 어떻게 발생했는지는 전혀 설명하지 못하고 있다'고 지적했다. 또 영국 현지와 미국을 비롯해 세계 종교계는 호킹 박사가 '과학의 역할을 망각한 채 신학의 고유의 영역을 침범하고 있다' 며 일제히 비난했다.

반면, <만들어진 신>의 저자로 세계적 명성을 얻고

있는 영국의 생물학자 리처드 도킨스는 <더 타임스> 지와의 인터뷰에서 '생물학계가 다윈의 진화론 이후 신을 생물학의 영역에서 몰아낸 반면, 물리학계는 지금까지 모호한 입장을 고수해왔다. 그런데 스티븐 호킹이 물리학계의 선도자로서 신의 존재 논란을 결말지을 결정적 한 방을 시도하고 나섰다'며 호킹 지지 의사를 밝혔다. 과학 전문 방송 <디스커버리>의 프로듀서이자 천체물리학 박사인 이반 오닐도 '호킹 박사의 관점에 전적으로 동의한다. 우주 창조를 이끈 빅뱅이 순수 물리법칙에 의한 것이라는 생각이 창조론보다 훨씬 더 매력적이다'라며 성원을 보냈다.

지구촌 일반시민도 이 논쟁에 대거 가세했다. 미국 일간지 <월스트리트저널>이 주말 판 북 섹션에서 '신이 우주를 창조하지 않은 이유'라는 제목으로 스티븐 호킹 박사의 이론을 소개하자, 이 기사는 하루 만에 무려 1천여 개의 각국 독자 댓글이 붙어 댓글 순위 1위 기사로 올라섰다. 그리고 일부 독자들은 호킹 박사에 대해 인신공격성 발언을 하기도 했다. '책을 더 많이 팔기 위해 종교이슈를 악용하고 있다',

'신은 호킹 박사 같은 존재(장애인임을 빗댄 표현)를 만들지 않았다'라는 극단적인 댓글들도 등장했다. 또 논리적으로 호킹 박사를 비판하는 글들도 있었다. '중력이 빅뱅 이전부터 존재했다면 그 힘은 누가 만들었는지 설명해야 하지 않는가?', '원자는 무수히 작은 단위로 쪼갤 수는 있지만, 더 큰 단위로 재결합하는 과정은 현대과학으로 설명하지 못하고 있지 않은가?' 등이 그 대표적인 비판 글이다.

반대로 스티븐 호킹의 주장을 옹호하는 의견도 만만치 않았다. '사람의 목숨을 구해주는 약과 어둠을 밝혀주는 전구 등 실생활에 유용한 도구를 만들어준 것은 과학의 힘이었지 종교는 아니었다', '인류 역사상 종교전쟁 때문에 죽은 사람만 수천만 명에 달한다. 이런 것도 신의 뜻이냐?'라는 등의 호킹 박사 옹호 글도 속속 올라왔다.

그렇다면 옥스퍼드 대학교의 수학 교수이자 그린 템플턴 칼리지의 수학 및 과학철학 선임연구원이며, 유신론의 대표주자로서 무신론의 대표주자인 리처드 도킨스와 공개 토론을 벌였던 존 C. 레녹스 박사는 스티븐 호킹의 이론에 대해 어떤 자세를 취하는지 자못 궁금하지 않을 수 없다.

 이 책은 유신론의 세계적 권위자인 존 C 레녹스 박사가 스티븐 호킹의 우주 자연발생설과 그의 신에 대한 견해에 대해 독자들에게 명쾌한 이해의 도움을 주고자 집필한 배경을 가지고 있다.

들어가는 말

'신의 존재 여부'는 우리 시대의 대표적인 화두이다. 그래서 과학자들은 이 주제를 다룬 책들을 끊임없이 내놓고 있다. 최근의 화제의 책들만 열거해 보더라도 리처드 도킨스의 <만들어진 신>, 프랜시스 콜린스의 <신의 언어>, 빅터 스텐저의 <물리학의 세계에 신의 공간은 없다>, 로버트 윈스턴의 <하나님 이야기> 등이 있다.

이 가운데 일부는 베스트셀러 중의 베스트셀러가 되기도 했는데, 이것은 사람들이 '과연 과학자들은 신에 대해 어떤 견해를 갖고 있는지' 그들의 말을 듣고 싶어 한다는 것을 의미한다.

그러나 이런 추세는 그다지 놀랄만한 일은 아니다. 문명의 첨단 시대를 살아가는 현대 사회에서는 과학이라는 분야가 문화적으로나 지적知的으로나 상당한 권위를 인정받고 있다. 그리고 이렇게 된 데에는 과학이 인류의 발전에 크게 기여했다는 평가도 일조를 하고 있다. 또한 우주의 경이성에 대한 멋진 TV 과학 다큐멘터리들도 많은 사람들에게 우주에 대한 지적 호기심을 불러일으켰다. 하지만 과학에 의한 물

질문명의 비약적인 발전에도 불구하고 신의 존재에 대한 수수께끼는 여전히 남아 있다.

 이러한 이유로 이제는 과학자들이 신의 존재에 대한 수수께끼를 풀어야 한다는 사명감과 책임을 위임받기에 이르렀다. 그들이 풀어야 할 수수께끼는 '우주는 어떻게 생성되었는가?', '또 다른 우주도 존재하는가?', '인간은 왜 존재하는가?', '우리가 살아가는 목적은 무엇인가?', '인류는 지금 어디로 가고 있는가?' 등등이다. 사람들은 이런 수수께끼를 생각하면서 자연히 신을 떠올린다. 그리고 수많은 사람들이 과학 분야에서는 신에 대해 뭐라고 말하는지 들어보고 싶어 한다.

 필자는 우리 시대의 뜨거운 화두 가운데 하나인 '우주의 기원이 신에 의한 것이냐, 과학적 법칙에 의한 것이냐?'의 논쟁에 대해 독자들의 이해를 돕고자 이 책을 썼다. 좀 더 구체적으로 말하면 이 책은 과학자, 특히 천체물리학자 스티븐 호킹의 우주기원론에 대한 주장을 검증하고자 쓴 책이다.

 한때 전 세계 유수 언론들이 스티븐 호킹에 대한 이야기로 도배를 한 적이 있다. '아인슈타인의 계보를

잇는 21세기의 천재적인 물리학자 스티븐 호킹은 신이 우주를 창조하지 않았다고 말했다!', '스티븐 호킹 박사는 이제 물리학이 신의 영역을 대신하게 되었다고 말했다!' 등등 다양한 보도가 있었다. 그러면서 이러한 보도는 저마다 스티븐 호킹과 레오나르드 믈라디노프의 공저인 <위대한 설계>를 언급했고, 덕분에 그 책은 순식간에 베스트셀러 목록의 제일 꼭대기까지 올라갔다. 그리고 스티븐 호킹과 같은 세계 정상급 과학자가 공개적으로 무신론을 주장하자, 무신론에 대한 소규모 논쟁은 순식간에 대형 격론으로 급상승하고 관련 서적들도 엄청나게 팔려나갔다.

신과 과학에 대한 논쟁을 '과학과 종교의 불가피한 충돌'로 생각하는 사람들도 많이 있다. 그러나 이 문제를 '충돌'로 보는 시각은 오래전에 이미 힘을 잃었다. 예를 들면 위에 언급한 <신의 언어>의 저자 프랜시스 콜린스는 미국 국립 인간게놈연구소장직을 역임했고, 현재는 미국 국립건강연구소장 직을 맡고 있다. 그가 역임했던 인간게놈연구소의 전 소장 짐 왓슨은 DNA의 이중 나선형 구조를 발견한 공로로 노벨상을 받은 사람이다. 그런데 콜린스는 기독교 신자이고 왓슨은 무신론자이며, 두 사람은 모두 정상급 과학자이다. 이 사실은 우리에게 두 사람의 신에 대한 견해차는 그들의 세계관 차이이지 과학의 문제가 아니라는 사실을 일깨워준다.

이런 점에서 앞으로 진행될 스티븐 호킹의 주장에 대한 논쟁은 우리로 하여금 바로 문제의 핵심에 집중할 수 있게끔 하고, 매우 흥미로운 논쟁이 될 수 있게 할 것이다. 과학이 내놓은 주장이 신과 결별하게 하는지, 아니면 더욱 인정하게 하는지, 아니면 중립적인 입장을 견지하게 하는지 그 결과가 흥미로울 것이다.

자, 그럼 우리는 이제 무슨 생각을 해야 할까? 스티븐 호킹이 세계적인 천체물리학자라고 해서 그의 주장을 그냥 검증 없이 받아들여야만 할까? 모든 유신론자들은 당장 제단을 없애고, 모든 성직자들은 당장 성의聖衣를 벗고, 모든 교회들은 당장 예배를 멈추어야 할까?… 분명한 것은 예나 지금이나 신의 존재를 믿는 과학자들도 많다는 것이다. 예를 들면 갈릴레오나 케플러, 데카르트, 뉴턴, 맥스웰 같은 유명한 과학자들은 모두 신의 존재를 믿는 사람들이었다. 그들의 유신론이 워낙 많은 논쟁을 불러일으켰기에 우리는 스티븐 호킹에게도 자신의 주장을 입증할 증거를 내놓으라고 요구할 자격이 있다. 과연 그의 주장은 충분한 과학적인 증거를 가지고 있고 논리적인 검증을 거친 것인지, 우리는 그것을 알 권리가 있다. 그래서 필자는 이 책에서 보다 진지하고 명쾌하게 스티븐 호킹의 주장을 검증해 보고자 한다.

 필자는 이 책을 저술함에 있어, 되도록이면 전문용어나 그럴듯한 수식어로 설명하기 보다는 논리성에 초점을 맞추어, 독자 스스로 납득할 수 있도록 하기 위해 노력했다. 자연과학이나 수학 분야에 종사하는 전문가는 일반인들이 과학이라는 학문을 바르게 이해하게끔 도울 의무가 있다고 생각한다. 특히 과학의 선봉에 서있는 사람이 주장하는 이론은 사회 패러다임이나 우주관으로 이어지는 경우가 많기 때문에, 그들의 주장에 오류가 있다면 그것을 밝혀서 세상에 알려야 한다고 생각한다.
 이런 맥락으로 여러 과학자들이 스티븐 호킹의 무신론에 대해 아무런 논쟁도 하지 않고 방관함으로써, 일반인들에게 그의 주장이 모두 사실인 것처럼 받아들여지게 해서는 안 된다. 사실 많은 사람들이 과학자나 의사가 하는 이야기라면 무조건 그 권위를 인정해주곤 한다. 물론 이것은 수학자인 필자도 경험한 바이다. 이 책은 수학책이 아닐 뿐더러, 필자가 다른 곳에서 증명한 수학적 결과가 정확하다고 해서 이 책의 내용 또한 모두 정확하다는 것은 아니다. 다만 필자는 논리성과 객관성을 유지하려 최선을 다했고, 그렇기 때문에 독자 여러분들이 필자의 논지에 공감을 느끼며 끝까지 잘 따라오시리라 믿는다. 그리고 신(하나님)의 존재 유무에 대한 최종적인 판단은 독자 여러분께 맡긴다.

— 옥스퍼드대학교에서 존 레녹스 —

CONTENTS

이 책의 배경   6
들어가는 말   10

Section1
우주는 누구의 설계인가?
너무나도 벅찬 의문   21
철학을 어떻게 이해해야 하는가?   27
신을 어떻게 이해해야 하는가?   36

Section2
신일까, 자연법칙일까?
우주가 스스로 자신을 창조했다?   51
자연법칙의 조건은 무엇인가?   58
신과 물리법칙은 어떤 관계인가?   64
스티븐 호킹의 성경 이해는 적절한가?   76

Section 3

신일까, 다중우주일까?

창조주에 대한 역설적인 증거	85
M이론은 무엇인가?	93
과학에서의 주관적인 요소는 어떻게 작용하는가?	104
스티븐 호킹의 실재에 대한 인식의 오류	113

Section 4

우주의 설계자는 도대체 누구란 말인가?

하나님의 본질과 스티븐 호킹의 논리 오류	121
과학에서의 합리성은 무엇을 의미하는가?	131
하나님의 존재에 관한 합리적 근거	136
기적과 자연법칙	146
맺는 말	166

Section 1

우주는 누구의 설계인가?

너무나도 벅찬 의문

철학을 어떻게 이해해야 하는가?

신을 어떻게 이해해야 하는가?

너무나도 벅찬 의문

그는 〈위대한 설계〉에서 우주가 어떻게 생성되었는지를 알려면 신의 섭리 같은 것을 끌어들이지 말고 반드시 물리법칙으로 설명해야만 우주 탄생의 비밀을 풀 수 있다고 강조했다. 그의 논리에 따르면 '빅뱅Big Bang, 즉 약 150억 년 전에 일어난 대폭발이야말로 어떤 물리적 법칙의 필연적 결과였고, 그 결과 우주가 탄생했다. 중력과 같은 법칙이 있기 때문에 우주는 무無에서 <u>스스로 탄생했고 창조할 수 있었다.</u>' 라는 것이다.

  현존하는 물리학자 가운데 스티븐 호킹만큼 세계적인 명성을 누리는 인물이 또 있을까? 최근 그는 30년 만에 루카시안 석좌교수직에서 물러났다. 이 교수직은 과거에 아이작 뉴턴경도 맡은 적이 있는 자리이다. 스티븐 호킹은 그의 탁월한 학문적 성과를 인정받아 이 교수직을 맡게 되었으며, 영국 엘리자베스 여왕으로부터 컴패니언 명예훈장을 받기도 했다. 또 전 세계로부터 학문적 업적을 인정받아 수많은 명예박사 학위도 받았다.

 스티븐 호킹에 대한 찬사는 여기에서 그치지 않는다. 그는 자그마치 40여 년 동안 운동신경질환을 앓으며 장애를 견뎌낸 불굴의 인물로도 유명하다. 길디긴 40여 년의 대부분을 휠체어에서 보냈으며, 의사소통 또한 자유롭지 못해 그를 위해 특별히 고안된 '음성 신시사이저voice synthesizer:외부 신호를 내부 음성 신호로 바꾸는 전자 장치'를 이용해야만 겨우 소통할 수 있었다. 그래서 그는 세상 사람들에게 고난을 이겨낸 상징적인 인물로 각인되어 있다. 그리고 지금도 그의 과학적 견해는 음성 신시사이저를 통해 세상에 전달되고 있다.

 그는 동료 과학자들과 학생들의 도움을 받아, 학문적으로 초보 상태에 머물러 있던 수리물리학 분야를 개척한 공로도 세웠다. 그리고 그의 이론 중에 가장 널리 알려진 것은 '반직관적 블랙홀의 신비counter intuitive mysteries of black holes'인데, 블랙홀도 입자를 방출하며 이로써 질량과 에너지를 상실해 결국에는 증발해 없어진다는 내용의 이른바 '호킹 복사론Hawking Radiation'은 만약 그가 그 이론을 실험으로 입증한다면 그는 그 즉시 노벨 물리학상을 거머쥘 것이다.

또 엄청나게 팔려나간 그의 저서 <시간의 역사>는 일반인들도 생경하고 어려운 물리학 이론을 일상의 대화 소재로 삼을 만큼 대중과 가까워지게 하는데 기여를 했다. 그리고 이에 고무된 스티븐 호킹은 계속 여러 권의 저서를 발표해 많은 독자들에게 과학의 위대함을 일깨워주었다.

그런데 여기서 우리가 주목할 것은 그의 연구와 저서의 중심 소재가 '우주의 기원'에 관한 것이다 보니, 그는 어쩔 수 없이 창조주의 존재에 대해서도 언급해야만 했다는 것이다. 하지만 그는 <시간의 역사>에서는 이 문제에 대해 속 시원한 답을 제시하지 못하고 미해결 상태로 남겨놓았다. 다만, 그는 여러 물리학자들에 의해 '만물의 이론'이라 일컬어지는, 즉 자연의 네 가지 근본 힘인 중력, 전자기력, 약핵력, 강핵력에 관한 통합 이론인 '통일장 이론Theory of Everything'만을 그 저서에 여러 번 인용하면서 그 현상을 입증할 수만 있다면 창조주의 마음도 알아낼 수 있을 것이라는 애매한 내용을 남겼다.

한편 최근에 스티븐 호킹은 미국의 물리학자 레오나르드 플로디노프와 공동 집필한 <위대한 설계Grand

Design〉[(1)]에서는 지금까지 말을 아끼던 태도를 접고 창조주의 존재 여부에 대해 말하기 시작했다.

그런데 결론부터 말하면 책의 제목이 '위대한 설계'이다 보니 독자들로 하여금 누군가 우주 설계의 주체가 있는 것처럼 추측의 빌미를 주기도 하지만, 정작 이 책은 창조주의 존재를 부인하는 책이다. 그는 〈위대한 설계〉에서 우주가 어떻게 생성되었는지를 알려면 신의 섭리 같은 것을 끌어들이지 말고 반드시 물리법칙으로 설명해야만 우주 탄생의 비밀을 풀 수 있다고 강조했다. 그의 논리에 따르면 '빅뱅Big Bang, 즉 약 150억 년 전에 일어난 대폭발이야말로 어떤 물리적 법칙의 필연적 결과였고, 그 결과 우주가 탄생했다. 중력과 같은 법칙이 있기 때문에 우주는 무無에서 스스로 탄생했고 창조할 수 있었다.' 라는 것이다.

결국 스티븐 호킹이 이 책에서 내린 의미심장한 결론은, 우주 이전의 공간에서 자연발생적으로 어떤 생성이 이루어진 결과 그 무엇이 있을 수는 없다. 그 무엇을 생겨나게, 혹은 남기게 한 이유 자체가 바로

---

(1) 필자는 앞으로 이 책을 편의상 스티븐 호킹의 책으로 표현하고자 한다. 공동 저자 레오나르드 믈로디노프 박사에게 결례가 되는 점 양해를 부탁드린다.

지금의 우주가 존재하고 우리 인간이 존재하게 된 까닭이다. 그러므로 인류의 선조가 신에게 '어둠을 밝혀주세요. 우주의 역사를 시작하게 해주세요.'라고 간구할 필요가 없었다는 것이다.

 이제 필자가 이 책에서 주제로 삼고자 하는 것은 스티븐 호킹이 근거로 삼은 과학 자체의 오류가 아니라 신의 존재 또는 부재에 대한 그의 추론의 오류이다. 그의 주장은 한마디로 우주의 탄생 비밀은 과학적으로만 규명 가능하기 때문에 과학적으로는 신이 존재할 필요가 없다는 논리를 제시한다.
 사람들은 그의 이런 주장에 대해 과학자로서는 그가 최초로 신의 존재를 부인하는 발언을 한 것이 아닌가 하고 생각하기도 하지만, 그의 이야기는 전혀 새로울 것이 없다. 그동안 줄곧 다른 과학자들도 비슷한 주장을 펴왔기 때문이다. 그들이 내세운 논리 역시 하나같이 스티븐 호킹의 주장과 비슷하다. 말하자면, 지구의 놀랍고도 오묘하며 복잡다단함은 오로지 우주의 질량과 에너지 또는 중력과 같은 어떤 작용 또는 물리적 법칙으로써만 규명할 수 있다는 주장이다.

그리고 스티븐 호킹이 <위대한 설계>에서 제기한 더 근본적인 의문은 우리가 늘 품고 있던 의문, 즉 '우리가 사는 지구는 어떻게 생겨났으며, 왜 생겨났는가? 우주는 어떻게 움직이고 있는 것인가? 자연법칙의 진실은 무엇인가? 우주 만물은 어디에서 왔는가? 우주가 생성되는 데 창조주의 역할이 필요했는가?' 등 인류가 오랫동안 풀지 못한 의문들이다. 그래서 많은 사람들은 스티븐 호킹과 같은 저명한 물리학자 역시 자신들과 동일한 의문을 품고 있는 것을 보고, 과연 우주의 소리를 듣는다는 통찰력 있는 천재 과학자는 이 의문에 대해 어떤 신통한 대답을 내놓을까 호기심 있게 지켜본 것이 사실이다. 다시 말해 사람들은 평범한 사람들도 가끔 깊이 사색하는 심오한 철학적 의문에 대해 당대 최고의 물리학자인 스티븐 호킹이 고뇌의 시간을 거쳐 마침내 내놓은 결론은 과연 어떤 것일까 귀를 바짝 기울였던 것이다.

철학을 어떻게 이해해야 하는가?

그러나 그는 정작 사람들의 기대에 찬물을 끼얹고 말았다. 위와 같은 심각한 철학적 질문을 해놓고는 뒤이어 곧바로 철학을 부정해버렸기 때문이다. 그는 자신이 한 질문에 대해 '이러한 질문들은 원래 전통적으로 철학적 명제였는데, 안타깝게도 지금은 철학은 죽었다.'라고 단정적으로 말했다. 그리고 철학이 죽었다는 근거로 철학은 현대 과학의 발전, 특히 물리학의 발전을 따라잡지 못했기 때문이라는 논리를 제시하면서 이제 인류의 벅찬 의문에 답해야 할 주체는 철학자가 아닌 과학자라고 주장했다.

그러나 이처럼 철학을 부인하는, 그리고 수긍하기 어려운 그의 단정적 자세에 대해서는 차치해두고라도, 오늘날 그의 모교인 케임브리지 대학에서는 철학이 엄연한 개설 학과로 자리 잡고 있으며, 또한 선망 받고 있다. 그러니 유감스럽게도 그의 그런 주장은 자신이 통찰력이 뛰어난 과학자임에도 불구하고 철학을 제대로 이해하지 못하는 것이 아닌가 하는 의구심을 불러일으킨다.

그의 저서 <위대한 설계>에 나타난 이러한 모순점에 대해 필자가 먼저 지적하고 싶은 것은 다름 아니라 철학에 대한 그의 견해 자체가 이미 철학적이라는 점이다. 다시 말해 '철학이 죽었다'라는 말 자체는 과학적인 주장이 아니라 과학에 대한 철학적인 주장이라는 얘기다. 따라서 스티븐 호킹의 그런 주장은 그야말로 논리적 모순을 분명하게 드러내는 치명적인 사례로 기록될 것이다. 철학에 대한 스티븐 호킹의 이러한 견해는 '물리학자에게 과학사와 과학철학도 반드시 가르쳐야 한다'고 주장한 알베르트 아인슈타인의 견해와 확연히 배치된다. 상대성이론의 창시자 아인슈타인은 한 미공개 서한[2]에서 다음과 같이 말했다.

"나는 당신이 제의하는 바와 같이 물리학자들에게 과학방법론과 함께 과학사, 과학철학을 가르치는 것이 의미도 있고 교육적 가치도 있다고 공감합니다. 오늘날 일반인들은 물론 심지어는 과학자들까지 자신의 위치와 자신의 시간에서 각각의 나무는 보지만

---

[2] 이 부분과 관련하여 아인슈타인의 종교와 과학에 대한 견해를 확인하려면 막스 야머(Max Jammer)의 저서 <아인슈타인과 종교(Einstein and Religion)> 69페이지를 참조하라.

숲 전체는 보지 못하는 것 같다고 생각합니다. 그렇지만 과학의 역사와 철학적 배경에 대한 지식을 갖춘다면, 많은 과학자들이 자기 시대와 자기 자리의 상황에만 사고를 집중하게 되는 것으로부터 자유로움을 얻을 수 있다고 생각합니다. 내가 보기에 그런 자유란 철학적 통찰력을 갖추어야만 생기고, 이러한 통찰력이 있느냐 없느냐가 바로 그 사람이 단순한 장인인가, 아니면 제대로 된 전문가인가, 아니면 진정으로 진리를 추구하는 과학자인가를 구분하는 경계선이라고 생각합니다."

또한 '과학자야말로 진리를 발견할 책임의 선봉에 서 있다'라는 호킹의 언급은 과학만이 진리에 도달할 유일한 방법이라는 이른바 '과학만능주의'의 냄새를 풍긴다. 이는 '신新무신론 운동'을 대변하는 말로, 그 속을 들여다보면 표현만 바뀌었을 뿐 통찰력과 지식적인 내용 면에서는 별로 새로울 것이 없다.

저명한 과학자는 말할 것도 없고 이름 없는 과학자라도, 철학을 폄하하다가 바로 철학적 입장을 취하는 자기 모순적 자세는 현명한 처신이 아니다. 특히 독자들에게 신뢰감을 주어야 책에서는, 그것도 서두에서는 피해야 할 금기 사항이다. '후천적 면역 내성'을 발견하여 1960년도에 노벨 생리의학상을 수상한 영국의 생물학자 피터 메더워도 오래전에 그의 명저 <젊은 과학도들에게 드리는 조언>에서 이와 같은 위험을 경고한 바 있다. 이 책은 과학자라면 반드시 읽어야 할 가치가 있는 책이다. 그는 책에서 다음과 같이 말했다.

"굳이 필요한 일이 아닌데도 과학이 모든 가치 있는 질문의 대답을 알고 있는 것처럼, 또는 설령 모르더라도 곧 알게 될 것이라고 단정하는 것. 그리고 과학적인 대답을 허용하지 않는 질문은 어떤 의미에선 얼간이 또는 숙맥들이나 묻고 대답하는 질문 같지 않은 질문이라고 치부해버리는 것. 이보다 더 빠르게 과학자나 과학이라는 학문을 망신시키는 일은 없다."

그러면서 메더워는 뒤이어 이렇게 말했다.
"그리고 과학에 한계가 존재한다는 사실은 우주의 처음과 끝에 대한 아주 원초적인 질문에 과학이 답할 수 없다는 데에서 분명해진다. 이를테면 '우주 만물은 어떻게 시작되었는가?', '우리가 지구에 태어난 목적은 무엇인가?', '인간의 삶의 의미는 과연 무엇인가?'와 같은 원초적 질문들에 대답하지 못한다는 점이다."

메더워는 결국 이와 같은 질문에 답하려면 종교나 철학에 의지하거나 문학적 상상력에 맡기는 수밖에 없다고 말했다.
 앞서 언급한, 미국 국립 인간게놈연구소장을 역임했고 <신의 언어>의 저자인 프랜시스 콜린스도 과학의 한계에 대해 똑같은 견해를 표명했다. 그는 이렇게 말했다.
 "과학은 '우주는 어떻게 생성 되었는가? 우리 인간이 존재하는 의미는 무엇인가? 인간의 사후에는 어떤 일들이 벌어지는가?' 등의 질문에 대해 전혀 답을 내놓지 못하고 있다."

 메더워나 콜린스는 열정적인 과학자임에 틀림없다. 그리고 최고의 경지에 오른 과학자답게 그 두 사람의 주장에서는 논리적인 모순과 오류를 찾아보기 힘들다. 두 사람은 과학이 우리가 품고 있는 벅찬 의문들을 속 시원히 풀어줄 수 없다고 솔직히 인정한다.
 비슷한 실례를 또 하나 들어보겠다. 그동안 학계에

는 과학의 도덕적 근거를 찾기가 어렵다는 인식이 광범위하게 퍼져 있었다. 아인슈타인도 이 점을 분명히 인식하고 있었다. 그는 1930년 베를린에서 열린 과학과 종교에 관한 토론회에서 '인간의 심미안과 신앙적 본능은 추론 능력을 극대화하는 데 기여하는 기능들이다. 따라서 심미안과 신앙적 본능이 과학의 도덕적 기반이라는 말은 할 수 있지만, 거꾸로 심미안과 신앙적 본능이 도덕의 과학적 기반이라는 말은 할 수 없다'라고 강조한 바 있다. 그는 더 나아가 과학이 도덕의 기준을 설정해줄 수 없다는 점을 지적하며 다음과 같이 말했다.

"윤리를 과학적 공식쯤으로 축소하려는 시도는 모두 실패할 수밖에 없을 것이다."

그리고 1965년도에 노벨물리학상을 수상한 미국의 물리학자 리처드 파인만은 그의 저서 <파인만의 과학이란 무엇인가?>에서 아인슈타인과 비슷한 견해를 내놓았다. 그는 이렇게 말했다.

"그 어떤 거대한 힘이나 능력도 스스로가 그것을 어떻게 사용해야 하는지에 대한 사용지침서까지 달고 다니는 것은 아니지 않은가? 예를 들어 과학이 우주가 어떻게 움직이는지에 대한 물리적 지식을 많이 축적한다고 해도, 그 움직임의 목적과 의미는 알 수 없다. 그리고 과학은 결코 선이냐 악이냐를 가르치지 못한다. 인간의 윤리적 가치는 과학적 영역의 바깥에 존재한다."

그런데도 스티븐 호킹은 과학에 과학 능력 밖의 역할까지 부여하면서 이들의 주장을 부인하려 한다. 뿐만 아니라 '이제 철학은 죽었다'라고 단정해 놓고는 바로 철학적 관점으로 문제를 인식하는 모순적인 태도를 보인다. 다시 말해, 신의 존재여부와 같은 벅찬 의문에 대해 과학을 적용하고, 그것을 해석하는 데 있어서는 곧바로 형이상학적 입장을 취한다는 얘기다.

필자가 이 책에서 앞으로 계속 언급하게 될 주제도 사실은 형이상학이다. 그런데 걱정스러운 것은 스티븐 호킹이 자신의 모순을 잘 인식하지 못하는 것 같다는 점이다. 여기서 필자는 결코 스티븐 호킹의 업적에 흠을 내거나 그를 비난할 의도가 없음을 밝혀두면서, 이제 스티븐 호킹이 <위대한 설계>에서 제기한, 너무나도 벅찬 질문들을 좀 더 자세히 살펴보기로 하자. 다음은 그중 책의 서두에 제기된 첫 번째 질문 리스트이다.

- 우리가 사는 지구를 어떻게 이해해야 하는가?
- 우주는 어떻게 움직이는 것인가?
- 실재한다는 것의 본질은 무엇인가?
- 우주의 모든 것은 다 어디에서 왔는가?
- 우주가 생성되는 데 창조주의 역할이 필요했는가?

여기서, 위의 질문 목록 중 두 번째 질문, 즉 '우주는 어떻게 움직이는가?'는 과학적 질문으로 궁극적인 목적의 문제를 묻기보다는 단순히 '어떻게'를 묻는 질문이다. 그리고 그 외의 네 가지 질문은 '어떻게'를 묻는 과학적 명제라기보다 궁극적인 목적을 염두에 둔 철학적인 명제들이다.

한편 두 번째 질문 리스트는 책의 제1장 끝에 제기된 것으로 항목은 다음과 같다.

- 왜 무(無)가 아닌 유(有)가 존재하는가?
- 왜 우리 인간이 존재하는가?

- *왜 다른 어떤 것이 아닌 특정한 법칙들이 있는 것인가?*

 그런데 이것은 우리도 잘 알 수 있다시피 모두가 다 철학적인 명제들이다. 물론 과학도 이러한 질문들에 답할 수 있는 하나의 분야이다. 하지만 결코 유일한 분야도, 가장 중요한 분야도 아니다. 그럼에도 불구하고 호킹은 철학이 죽었다가 바로 되살아날 수 있다고 믿는 모양이다. 그는 위의 세 가지 질문을 '삶과 우주와 모든 것에 대한 궁극적인 질문들'이라 일컬으며 자신의 책에서 답변해보도록 노력하겠다고 천명했다.

신을 어떻게 이해해야 하는가?

이상의 주장은 신 또는 하나님의 개념이 결국 인간의 무지 때문에 생겨났다는 주장이다. 즉, 인간의 과학적 지식이 그동안 신이 채워주던 틈새를 대신하기 시작하면서 신의 역할은 점점 줄어들었고, 결국에는 신은 조금씩 투명하게 변해가다가 마지막에는 웃음만 남기고 사라지는 체셔 고양이처럼 완전히 사라질 것이다' 라는 '틈새의 하나님(God of the Gaps)설'을 뒷받침하는 주장이다.

운전을 할 때, 한번 빨간 신호등을 무시하고 통과하면 다음의 정지 신호에서도 계속 그럴 가능성이 높다. 스티븐 호킹의 경우가 바로 그런 경우라고 하겠다. 앞에서 밝힌 것처럼 철학에 대한 호킹의 부적절한 이해는 결국 신에 대한 부적절한 판단을 초래했다. 그는 이렇게 말했다.

"고대의 사람들은 자연법칙에 무지했기 때문에 자연의 공포스러운 현상이나 불가사의함 앞에서 그들의 삶을 지배할 신이 필요했다."

그러면서 그는 뒤이어 '그러나 이런 풍조는 지금으

로부터 2,600년 전경 고대 그리스 밀레투스학파의 과학철학자인 탈레스 같은 선구자들을 계기로 바뀌기 시작했다'고 주장한 다음, 이렇게 언급했다.

"자연은 해독 가능한 일정한 원리에 따라 움직인다는 견해가 대두되었다. 그때부터 기존의 '신의 통치설'이 '우주의 자연법칙설'로 대체되기 시작하여, 언젠가는 우주의 작동원리나 창조의 문제도 인간에 의해 해독가능하게 될 것이다."

이상의 주장은 신 또는 하나님의 개념이 결국 인간의 무지 때문에 생겨났다는 주장이다. 즉, '인간의 과학적 지식이 그동안 신이 채워주던 틈새를 대신하기 시작하면서 신의 역할은 점점 줄어들었고, 결국에는 신은 조금씩 투명하게 변해가다가 마지막에는 웃음만 남기고 사라지는 체셔 고양이[3]처럼 완전히 사라질 것이다'라는 '틈새의 하나님설 God of the Gaps'을 뒷받침하는 주장이다. 그리고 지난날에는 과학이 지금처럼 발달하지 않아 신이 차지하는 영역이 넓었지만, 과학 특히 물리학이 발달한 지금은 과학이 '태초의 창조'라는 신의 마지막 자리마저 빼앗으면서,

[3] 영국의 동화작가 루이스 캐롤의 〈이상한 나라의 앨리스〉에 등장하는 고양이

이제 신이 차지할 공간은 별로 남아 있지 않다는 주장이다.

하지만 스티븐 호킹의 이러한 주장은 과학과 신의 영역을 공간적 의미로 변질시킨 단순논리에 불과하다. 이런 관점은 무신론을 과학 행위의 필요조건으로 보는 입장에서 크게 벗어나지 못하는 것이다. 이는 역설적이게도, 만약 신이 존재한다고 하면 그만큼 과학의 설 자리가 좁아지기 때문에, 과학은 먼저 무신론을 과학 행위의 필요조건으로 상정해 놓고 접근하는 방식이다.

그렇더라도 필자는 독자들의 설득력을 확보하기 위해 먼저 스티븐 호킹이 언급한 말 중에서 일리가 있는 부분부터 살펴보기로 하겠다. 그는 '천둥이 칠 때 우리가 이것을 고대 사람들처럼 신이 노여워하는 소리라고 믿는다면, 이 소리를 내는 메커니즘이 무엇인지 조사하려는 사람은 없을 것이다. 오히려 그런 소리를 내는 신은 없다고 생각하는 사람만이 자연의 메커니즘을 과학적인 방법으로 조사하고자 할 것이다. 따라서 자연을 자유롭게 연구하려면 우선 자연의 힘을 신격화하는 인식부터 버려야 한다'라고 말했다.

그렇다. 스티븐 호킹이 지적한 것처럼 이는 커다란 인식의 전환이자 용기로, 이미 2,500년 전 고대 그리스의 자연주의 철학자였던 탈레스, 아낙시만드로스 그리고 아낙시메네스가 그런 인식을 가졌던 선구자들이다. 이들은 자신들보다 200년 정도 앞서 살았던 시인 호메로스나 헤시오도스의 시에 나오는 신화만으로는 세상이 존재하는 의미를 설명할 수 없다고 생각했다. 그래서 그들은 자연현상의 원리로 그 의미를 설명하려는 길을 찾았고, 그 결과 주목할 만한 과학적 성과도 거두었다.

 탈레스는 1년의 길이가 365일이라는 것을 밝혀낸 인물로, 그는 BC 585년에 이미 일식 현상을 정확히 예측했다. 그리고 그 뿐만 아니라 기하학적 방법을 통해 피라미드의 그림자를 보고 그 실제 높이를 계산해냈으며, 지구와 달의 크기까지도 추정해냈다. 아낙시만드로스는 해시계와 전천후 시계를 발명했고, 역사상 최초로 세계지도와 별들의 지도를 제작했다. 또 아낙시메네스는 공기Air를 만물의 근원이라 하여 인간의 영혼도 호흡이라는 자연 활동의 원리에 귀결시켰다.

 이런 이유로 그리스 밀레투스학파 학자들은 '초기

과학자'라는 평가를 받았다. 물론 '과학자Scientist'라는 용어는 19세기에 들어와서 영국의 과학자이자 철학자이며 신학자였던 윌리엄 휴얼이 처음 사용했지만, 내용면에서 보면 분명 그들은 과학의 선구자들이다.

한편 현대의 관점에서 볼 때, 신과 과학에 관련하여 '초기 과학자'들보다 더 큰 관심을 끄는 인물은 콜로폰 출신의 크세노파네스를 들 수 있다. 그는 BC 500년경에 활동한 그리스의 방랑 시인이자 철학자이며 종교사상가로, 다신론과 신의 의인화에 기반을 둔 그리스 신에 대한 전통적인 관점을 거부하고, 엘레아학파가 형성되는 데 많은 영향을 끼친 인물이다. 그는 몰타 지역에서 발견된 바다생물 화석의 중요성을 인식한 사람으로 알려져 있지만, 그보다는 신화적 세계관을 신랄하게 비판한 인물로 더 유명하다. 그는 인간들 사이에서 일어나는 수치스러운 행동들은 신들 때문이라고 지적했다. 즉, 신들이야말로 불한당이자 절도범이요, 간음자라는 것이다. 크세노파네스는 다신론이 팽배하던 당시에 '신이란 그 신을 믿는 사람들이 자신들의 이미지를 형상화한 존재에 불과하다'고 주장했다. 다시 말해, 에티오피

아인들의 신은 검은 피부에 코가 납작하고, 트라키아 인들의 신은 푸른 눈에 붉은색 머리를 한 것을 보면, 신이란 인간이 자신의 모습을 투영한 염원의 형상에 불과할 뿐이라고 비판했다.

우리는 그의 주장을 억지라고 평가할 수 없다. 크세노파네스는 자기의 주장과 함께 조롱조로 다음과 같은 말을 덧붙였다.

"소나 말이나 사자한테 그림을 그릴 수 있는 손을 준다면, 말은 말처럼 생긴 신의 형상을 그려낼 것이고, 소는 소의 형상을 한 신을, 사자는 사자의 형상을 한 신을 그려 자기 모습과 흡사한 신을 만들어 낼 것이다."

이처럼 크세노파네스의 관점에서 볼 때, '신이란 그 신을 만들어낸 사람들이 자신들의 이미지를 형상화한 유치한 가공의 존재'에 지나지 않았다.

그리고 이러한 사조에 많은 영향을 끼친 또 한 명의 인물로는 그리스의 원자론자이자 철학사인 에피쿠로스를 들 수 있다. 그는 플라톤 사망 후인 BC 330년경에 활동했는데, 쾌락주의 철학 사조를 추구하여 일명 '에피쿠로스학파'로 불리기도 했다. 그는 사람들에게 자연현상을 이해시키는데 있어 신화적인 설명을 거부했다. 그는 이렇게 말했다.

"벼락이 치는 원인은 여러 가지이니 제발 그 원인을 이야기할 때 신화를 갖다 붙이지 마라. 벼락이 칠 때 뭔가 눈에 보이지 않는 원인이 있어서 치는 것이라고 믿는 사람이 여러 명 생긴다면, 신화 따위는 곧 사라질 것이다."

 이상과 같이, 자연 현상의 실제 원인을 규명함에 있어 신화 또는 신을 배격하고 다른 방법을 찾고자 하는 사람들이 속속 나왔다. 그리고 이에 따라 신화적인 우주 해석 풍조는 차츰 퇴조하여 과학 발전의 기틀을 마련하였다. 더불어 스티븐 호킹의 업적과 주장 역시 이 발전선상의 현 시점에 와있다.

 그런데 우리가 여기서 한 가지 주목해야 할 점은 크세노파네스의 '자신의 이미지를 형상화한 신론'이다. '인간의 관점에서 자신의 이미지를 형상화 한 신'은 다른 말로 하면 '우상偶像'이다. 역사적으로 볼 때 사실 크세노파네스가 우상과 다신론을 비판한 최초의 인물은 아니다. 크세노파네스는 알고 있었던 것으로 추정하지만, 그보다 수 세기 전에 살았던 히브리인 지도자 모세는 이미 '우상에 절하지 말고 하늘의 해나 달이나 별을 섬기지 말라.'고 경고했다. 그리고 그 후 BC 600년경에 활동했던 히브리인 선지자 예레미야도 '자연현상의 신격화나 해와 달과 별을 섬기는 일은 황당하다'고 비판했다.

이제 우리는 스티븐 호킹이 미처 인식하지 못한 것으로 보이는 중대한 오류, 신에 대한 부적절한 이해를 살펴보기로 하자. 그것은 그가 신을 부정하려면 기독교의 하나님도 똑같이 부정해야 한다고 생각한 것이다. 그러나 그것은 크나큰 인식의 오류이다. 다신론에서의 우상 신과 기독교에서의 하나님은 전혀 다른 존재이다. 왜냐하면 기독교에서의 하나님은 '인간이 자신의 이미지를 형상화한 또는 인간이 자신의 염원을 투영한 어떤 형상'이 아니라, 로고스 Logos이기 때문이다. 로고스는 형상이 없다.

모세나 다른 히브리의 선지자들은 초기의 과학자들이나 크세노파네스 또는 에피쿠로스와 똑 같이, 신화를 지어내어 해와 달과 별과 같은 우주의 피조물을 신으로 섬긴다는 것은 도무지 말이 안 된다고 생각했다. 동시에 그들은 우주와 만물을 만드신 창조주 하나님께 고개 숙이지 않고 믿지 않는 것 또한 말이 안 되는 일이라고 생각했다.

이처럼 초기의 과학자들이나 그 외 자연주의철학자들이 완전히 새로운 생각을 내놓은 것은 아니었다. 고대 히브리인들이 그런 미신적 신앙에서 벗어날 수 있었던 것은 오로지 우주 만물을 창조한 신은 단 하나밖에 있을 수밖에 없다는, 아주 상식적인 유일신 신앙이 있었기 때문이다. 생각해보라. 계속 거슬러 올라가면 우주를 창조한 주체는 단 하나만 있을 수밖에 없지 않은가? 모세를 비롯한 히브리 선지자들이 단호히 맞서 싸웠던 것은 이런 상식적인 유일신 문화에 다른 비상식적인 우상신 문화가 영입되는 것이었다.

역사적으로 볼 때, 그리스의 시인 호메로스나 헤시오도스가 그려낸 우상 숭배적인 다신론적 우주관은 인류 전체의 근본적인 세계관이 아니었다. 그럼에도 불구하고 스티븐 호킹의 <위대한 설계>를 포함한 다른 과학 및 철학 서적들이 신에 대해 고대 그리스의 세계관이나 미신의 신을 전제로 하는 것은 폭이 좁은 부적절한 인식이다. 이런 책들은 으레 고대 그리스의 신화부터 시작해서 자연의 비신격화가 필요하다는 당위성을 누누이 강조한다. 그러나 희한하게도 고대 그리스 이전에 히브리인들이 자연의 우상화에 강하게 항거한 일에 대해서는 모두 입을 다문다. 그래서 사람들이 히브리인들의 유일신인 '창조주 하나님'에 대해 올바로 인식하도록 안내하지 못함으로써, '유일'이 '독선'으로 왜곡되도록 방치했다.

우리는 이제라도 이러한 왜곡을 피하려면 고대 그리스인들의 우주관과 히브리인들의 우주관을 심도 있게 살펴볼 필요가 있다. 그래서 그들의 우주관의 간극이 얼마나 넓고 메우기 어려운지 이해해야 한다.

20세기 독일의 대표적 고전문학자 중 한 사람인 베르너 예거는 헤시오도스의 서사시 <신통기神統記>, 즉 신들의 기원을 기록한 고전古典과 관련하여 다음과 같이 언급했다.

"그리스 신화에 나타나는 세계 창조적 에로스Eros의 위격位格과 히브리인들의 성서 창세기에 나타나는 로고스Logos의 위격을 비교해보면, 두 민족의 세계관 사이에 현저한 차이가 있음을 알 수 있다. 로고스는 지성적 성격의 실체화, 또는 세계 밖에 거하며 세계를 '말씀'으로써 존재하게 하신 창조주 하나님의 능력 자체이다. 반면에 그리스의 신들은 세계 안에 거하는 존재로 하늘과 땅으로부터 왔고, 하늘과 땅은 에로스의 전능한 능력에 의해 탄생했으며, 에로스는 모든 것의 근원이 되는 원초적인 힘으로서 세계 안에 존재한다. 따라서 그리스 신들은 우리가 말하는 자연법칙의 영향력 범위 안에 있다. 헤시오도스의 생각을 철학적인 사고로 전환해보면, 그리스 신들의 신성神性은 세계 안에 있는 것이다. 그러나 히브리인들의 성경 창세기에 나타나는 로고스의 신성은 세계 밖에 있으며 그리스도 신학Theologia christi도 이를 근간으로 발전한 것이다." [4]

그렇다면 고대 그리스에서 다신론 문화에 둘러싸여 있던 크세노파네스가 하나님을 다른 신들과 혼동하지 않고, 그 신들과는 다른 위상의 존재로 보았다는 점은 정말 놀라운 일이다. 그는 그런 생각을 바탕으로 이미 그 때 우주를 지배하는 유일신 하나님의 존재를 믿었다. 그는 다음과 같은 글을 남겼다.

"하나님 한 분이 계신다. …죽을 수밖에 없는 존재들

---

[4] 베르너 예거의 《고대 그리스 초기 철학자들의 신학(The Theology of the Early Greek Philosophers)》

과는 모습도 생각하시는 것도 다르신, 저 먼 곳에 계시며 힘들이지 않고 모든 것을 다스리시는 하나님 한 분이 계신다."

스티븐 호킹은 분명히, 자신의 이론을 펼침에 있어 창조주 하나님을 원시적 개념의 신들과 동일선상에 놓고 기독교 신앙을 헐뜯는 수법으로 접근하지는 않았을 것이다. 하지만 의도했든 의도하지 않았든, 그는 자신의 책 <위대한 설계>에서 개념상 하나님과 우상 신을 혼동하는 오류를 범하고 있다. 창조주 하나님에 대한 그의 이런 잘못된 인식은 필연적으로 그를 '틈새의 하나님 설'과 같은 오류에 빠져들게 하고 있다.

이처럼 유일신 종교에서의 하나님은 '틈새의 하나님 설'에 등장하는 하나님처럼 인간의 과학이 발달함에 따라 그 영역이 차츰 좁아지는 존재가 아니라, 인간의 과학이 발달함에 따라 그 영역이 더욱 넓어지는, 인간을 통해 과학을 이루어가는 로고스의 존재이시다. 그러므로 창조주 하나님은 자연신교에서 공포의 대상으로 숭배되는 신, 또는 우주가 움직이기 시작하도록 파란 종이에 불을 지피고는 보이지 않는 먼 곳으로 은퇴하는 신도 아니시다.

 창조주 하나님은 태초에 우주 만물을 창조하셨고, 앞으로도 우주의 운행과 존재 여부를 주관하신다. 스티븐 호킹 박사나 레오나르드 믈로디노프 박사가 연구하는 물리학 자체도 그분이 있기에 가능한 것이다. 하나님은 인간이 과학으로 우주의 일부를 알건 알지 못하건, 그 전체와 일부를 다 지배하신다.

Section
2

신일까, 자연법칙일까?

우주가 스스로 자신을 창조했다?
자연법칙의 조건은 무엇인가?
신과 물리법칙은 어떤 관계인가?
스티븐 호킹은 성경을 진지하게 검토했는가?

우주가 스스로 자신을 창조했다?

실제로 호킹이 그런 뜻으로 그 표현을 썼다면, 그는 자기주장을 펴면서 '내가 사용한 말 무無, 즉 아무것도 존재하지 않는 상태라는 말은 물리학적 용어로써, 떠다니는 전자기가 조금 있는 양자론적 진공 상태를 의미한다' 라는 말을 추가했어야 한다. 스티븐 호킹이 같은 책에서 '초기 우주에서 인간은 양자적 요동의 산물이었다' 라고 말한 것으로 보아 아마 이런 상태를 의미한 것이 아닌가 하는 생각을 하게 한다.

스티븐 호킹이 <위대한 설계>에서 내린 주요 결론은 '우주에는 중력의 법칙이 있기 때문에 우주는 무無에서 스스로를 창조할 수 있었고, 앞으로도 창조할 것이다' 라는 것이다.

그렇다면 필자는 우선, 그의 견해와 믿음을 말해주는 이 주장에 대해 총평부터 하고자 한다. 필자가 앞에서 거론했던 것처럼 그는 '이제 철학은 죽었다' 라고 했다. 그러나 그가 그러한 단정을 내리면서 놓친 중요한 사항이 하나 있다. 철학의 역할 중에는 우리에게 무엇의 정의를 내리는 방법과 논리적으로 분석하는 방법, 그리고 논쟁하는 방법을 가르치는 것이 포함되어 있다. 그런데 스티븐 호킹은 이 점을 중요시하지 않았다. 그는 철학의 역할 역시 죽었다고 생각한 것일까?… 필자는 그의 물리학이 사람들에게 설득력을 가지려면 그렇게 하지 말았어야 한다고 생각한다. 그의 주장은 명확한 정의와 논리적 분석에 세심한 관심을 기울이지 않은 탓에 설득력을 얻지 못하고 있다. 이제부터 그의 주장이 설득력을 갖지 못하는 점을 차례로 논증해 보겠다.

필자가 첫 번째로 그에게 묻고 싶은 질문은 '우주는 무無에서 스스로를 창조했고, 앞으로도 창조할 수 있다'라는 주장에서 '무無의 의미는 무엇인가?'라는 것이다. 이 주장의 앞부분에는 '우주에는 중력의 법칙이 있기 때문에…'라는 가정이 있는데, 이는 그가 중력의 법칙이 실제로 존재한다고 가정했다는 의미이다. 그런데 어떤 원인이나 재료도 없이 현상이나 법칙이 스스로 존재한다는 것은 논할 가치도 없을 만큼 얼토당토않은 이야기이다. 그렇기 때문에 우리는 여기서 '호킹이 중력의 법칙이 아닌 중력 자체가 스스로 존재한다고 믿은 것은 아닐까?' 하는 추측을 할 수도 있다. 이 점에 대해서는 나중에 좀 더 자세히 알아보기로 하고, 지금의 중요한 쟁점은 호킹이 이미 중력 또는 중력의 법칙이 존재하는 것으로 가정해 놓고 그것을 '무無'라고 말한 본뜻은 무엇인가이다. 그가 무無라는 말을 통상적인 철학적 의미의 추상개념으로 사용했다면 몰라도, 적어도 과학적 용어로 사용했다면 그것은 결코 '아무것도 없는 상태'가 아니다. 호킹은 자기의 주장에서 이 점을 분명히 밝혔어야 한다. 어쩌면 호킹은 우주가 아무것도 존재하지 않는 상태와 함께 무엇이 조금 존재하는 상태에서 창조되었다고 말하려 한 것인지도 모른다. 그렇다 해도 그의 주장의 서두는 그다지 잘된 것 같지 않다. 실제로 호킹이 그런 뜻으로 그 표현을 썼다면, 그는 자기주장을 펴면서 '내가 사용한 말 무無, 즉 아무것도 존재하지 않는 상태라는 말은 물리학적 용어로써, 떠다니는 전자기가 조금 있는 양자론적 진공상태를 의미한다'라는 말을 추가했어야 한다. 스티븐 호킹이 같은 책에서 '초기 우주에서 인간은 양사적 요동의 산물이었다'라고 말한 것으로 보아 아마 이런 상태를 의미한 것이 아닌가 하는 생각을 하게 한다.

그리고 그는 책 후반부에서 '모든 것을 다 빼버린 진공 상태에서는 총 에너지가 0인 것처럼, 태초에 우주공간의 총에너지가 0이었을 것'으로 설정한 다음 이런 의문을 제기했다.

"만일 우주공간의 총에너지가 0인 상태에서 우주를 창조하는 데 에너지가 소요된다면, 어떻게 우주가 무無에서 창조될 수 있었을까?"

 호킹은 이미 '우주는 무無에서 스스로를 창조할 수 있었고, 창조할 것이다.'라고 주장해놓고 이건 또 무슨 뚱딴지같은 질문인가? 그렇다면 지금까지의 장황한 주장은 그저 헛소동에 불과했다는 말인가? 이것은 자기모순이고 신중하지 못한 태도이다. 그리고 또 질문 자체도 모순적이다. 이 질문은 적어도 필자에게만큼은 납득이 안 간다. X가 Y를 창조했다고 하면, Y의 존재를 이끌어내기 위해 필연적으로 X의 존재를 전제할 수밖에 없다. 즉 'X가 Y를 창조했다'라고 말할 때 Y를 설명하기 전에 먼저 X의 존재를 설명해야만 한다. 설사 X를 설명하지 못한다 하더라도 이미 무엇인가가 존재하고 있었다는 얘기다. 우주공간의 총 에너지가 0인 상태는 에너지가 0인 상태이지 우주가 무無인 상태는 아니다. 따라서 이 질문은 엄연한 자기모순을 지니고 있는, 논리성이 결여된 질문이다. 우주의 탄생의 비밀을 설명하기 위해 우주 자신의 존재를 전제한다는 것은 동화 <이상한 나라의 엘리스>에서나 있을 법한 일이지 과학적으로는 불가능한 일이다. 한 가지를 설명하면서 두 가지의 모순을 저지르는 경우는 드물지만, 호킹은 그런 실수를 저지르고 있는 것이다.

 그의 오류를 다시 한 번 정리해보면, '우주가 아무 것도 존재하지 않은 상태로부터 그 무엇이 존재하는 상태로 바뀌었다'라고 한 것이 첫 번째 자기모순이다. 이것은 '우주 자체가 없는 상태에서 우주가 탄생했다'와는 분명 차이가 있는 것이다. 그리고 '자연법칙이야말로 우주의 탄생과 존재를 설명할 수 있는 근거이다'라는 말 역시 자기모순이다. '자연법칙이 있다'라고 한다면, 먼저 자연이 있어야 그 법칙이 가능하다. 법칙의 내용이 어떤 것인지는 다음의 문제이다. 따라서 호킹이 '신의 창조설'을 부인하고 '우주의 자기창조설'을 주장하는 것은 그냥 오류도 아니고, 2중 3중의 자가당착적인 주장이다. 이쯤 되면 철학자들은 '호킹이 철학이 죽었다고 하는 근거가 도대체 무엇인가?' 하고 따지고 싶어 할 것이다.

또 스티븐 호킹은 이 책에서 '시공時空은 스스로를 생성시키는 과정에서 먼지 형태의 자기磁氣 물질의 가루를 만들어낸다'[5]라는 옥스퍼드 대학 출신의 화학자 피터 앳킨스(그 역시 무신론자로 유명하다)의 말을 그대로 인용하고 있다. 앳킨스는 이 현상을 '코스믹 붓스트랩Cosmic Bootstrap'이라고 명명했는데, 이것은 구두끈을 잡아당김으로써 자신을 끌어올릴 수 있다고 생각하는 자기모순적인 이론이다. 앳킨스의 동료 교수인 종교철학자 키스 워드는 그의 우주관에 대해 '그가 붙인 명칭만큼이나 터무니없는 자가당착적인 이론이다'라고 지적하면서 다음과 같이 말했다.

"무엇이 전혀 존재하지 않는 상태에서 또 다른 결과를 초래한다는 것은 논리적으로나 과학적으로나 불가능한 일이다. '창조주 하나님'이라는 가설과 '코스믹 붓스트랩' 가설은 비교 자체가 되지 않는 가설이다. 자신의 구두끈을 잡아당겨서 자기를 끌어 올릴 수 있다고 생각하는 사람이 있다면, 그는 영원히

[5] 피터 앳킨스의 〈창조론 재조명(Creation Revisited)〉

우주를 설명할 수 없을 것이다."

 필자가 수학자이고 수학도 과학의 일부이지만, 보통 일반인들은 과학자들은 다 과학적일 것이라는 막연한 선입관 때문에 그가 비논리적인 주장을 해도 그것을 잘 따지려 들지 않는다. 그리고 유명한 과학자일수록 그의 논리보다는 명성에 주목하는 경향이 크다. 하지만 아무리 명성이 높고 권위 있는 과학자라 할지라도 논리에 하자가 있으면 그의 주장을 그대로 믿어서는 안 된다.
 필자가 우려하는 바는 스티븐 호킹의 '우주의 자기창조설'에 담긴 비논리적 관념이 <위대한 설계>라는 책에서 그의 명성에 가리어 별로 중요하지 않게 치부된다는 점이다. 어떤 주장에서 논리성은 부차적인 것이 아니라 핵심적인 쟁점이다. 오류로 인해 논리 자체가 성립되지 않는다면, 아무리 획기적인 가설이나 정의, 새로운 용어라 할지라도 설득력이 없으며 그것이야말로 부차적인 것이다.

자연법칙의 조건은 무엇인가?

 스티븐 호킹은 고대 그리스인들의 관념에는 자연법칙과 인간법칙 사이에 정확한 구별이 없었다는 점을 지적하면서, 그 실례로 BC 500년 전 경에 살았던 그리스의 철학자 헤라클레이토스의 우주관을 들었다. 호킹은 '헤라클레이토스는 하늘에서의 태양의 움직임은 복수심에 불타는 정의의 여신의 추격이 있을 때에 일어난다고 생각했던 사람으로, 무생물체에도 자기 의지와 정신이 있다는 그의 이러한 관념은 심지어는 아리스토텔레스에게도 옹호되었고, 약 2,000년 동안이나 서구 세계의 사고를 지배해 왔다'고 말했다. 그리고 그는 현대적 의미의 자연법칙 개념은 1600년대에 들어와서 르네 데카르트에 의해 비로소 체계화되었다는 점을 상기시키면서, 오늘날 대부분의 과학자들이 생각하는 자연법칙이란 '규칙적으로 관찰되는 현상을 기초로 하며, 그 현상을 근거로 미래의 사태를 예측할 수 있는 것'이라고 정의했다. 그러면서 우리가 쉽게 이해할 수 있는 고전적인 실례로 '해가 동쪽에서 떠오르는 자연법칙은 관측된 규칙성을 기초로 한 것이며, 이를 근거로 우리는 내일도 해가 동쪽에서 뜰 것이라는 것을 예측할 수 있다. 하지만 백조가 하얗다는 것은 자연법칙이 아니다. 모든 백조가 하얀 것은 아니어서, 오늘 흰 백조를 보았다 하더라도 내일은 검은 백조를 볼 수도 있기 때문에 이것은 규칙적으로 관찰되는 현상이 아니고, 이를 근거로 미래의 사태를 예측할 수도 없기 때문에 이것은 자연법칙이 아니다'라는 예를 들었다.

그런데 우리가 여기서 한 가지 짚고 넘어가야 할 것은 '해가 동쪽에서 떠오른다는 자연법칙'에는 몇 가지 암묵적인 가정이 있다는 사실이다. 이것과 관련하여 스코틀랜드의 계몽 사상가이자 철학자인 데이비드 흄은 '우리는 지난날 해가 동쪽에서 뜨는 현상을 수백 번 넘게 목격했어도 그것이 내일 또 다시 동쪽에서 뜬다는 것을 증명하지는 못한다'라고 말하면서, 우리가 내일 또 다시 해가 동쪽에서 뜨는 현상을 목격하려면 '모든 조건이 그대로라면' 또는 '태양이 폭발하지 않는다면' 같은 조건을 붙어야 한다고 주장했다.

사실 자연법칙이 우리에게 일깨워주는 교훈은 분명

그것이 그리 단순하지만은 않다는 것이다. 법칙이 법칙으로 성립하려면 언제 어디서나 정확하게 들어맞아야 하며 예외가 없어야 한다.

우리는 여기서 뉴턴의 저 유명한 운동법칙, 즉 관성의 법칙, 가속도의 법칙, 작용반작용의 법칙[6]을 생각해보기로 하자. 이 법칙들을 근거로 만든 계산법은 인류가 달에 착륙하는 것을 가능하게 했을 만큼 정확했다. 하지만 뉴턴의 이 법칙들로 광속처럼 빠른 속도는 계산해 낼 수 없다. 이 부분에 대해서는 보다 더 정확한 아인슈타인의 상대성 이론이 필요하다. 이것을 달리 말하면, 뉴턴의 법칙만으로는 뉴턴의 법칙 밖을 설명할 수 없다는 얘기다. 어떤 법칙이 성립하려면 반드시 그 법칙이 성립 가능한 범위와 조건이 있어야 한다는 것이다.

스티븐 호킹은 <위대한 설계>에서 자연법칙에 대해 다음과 같은 세 가지 질문을 했다.

---

[6] 뉴턴의 운동법칙은 처음으로 회전체의 운동, 유체 안에서의 운동, 발사체의 운동, 빗면에서의 운동, 진자의 운동, 달과 천체의 궤도와 같은 물리학적 현상들에 대한 광범위한 설명을 가능하게 해주었다. 뉴턴의 법칙들은 200년 넘게 실험과 관측을 통해 그 사실이 입증되어 왔고, 이 법칙들은 인류의 인지척도 내에서 일어나는 운동학을 아주 정확하게 설명해준다. 그러나 이것은 광속의 1/3 정도의 속도 이내에서만 그 정확성이 가능하다.

- *자연법칙은 어디로부터 온 것일까?*
- *자연법칙의 예외, 즉 기적은 존재할까?*
- *자연법칙은 한 가지 집합만 있을까?*

위의 첫 번째 질문에 대해 호킹은 '갈릴레오부터 케플러, 데카르트, 뉴턴에 이르기까지 과학의 위대한 선구자들도 전통적으로 자연법칙은 하나님으로부터 왔다고 대답했다'라고 전제하면서, '그러나 그것은 하나님을 자연법칙의 화신化身[7]으로 정의하는 것에 불과하다. 따라서 구약성서에 나오는 하나님에게 몇 가지 초월적 능력을 부여하지 않는 한, 첫 번째 질문에 답하기 위해 하나님을 끌어들이는 것은 하나의 수수께끼를 풀기 위해 또 다른 수수께끼를 동원하는 일에 지나지 않는다'라고 주장했다.

그러나 여기서 호킹의 주장을 살펴보면 그는 뭔가 약간 혼동하는 듯하다. 갈릴레오나 케플러, 데카르트, 뉴턴이 그들의 개념 속에서 믿었던 하나님은 단순한 자연법칙의 화신의 개념이 아니라는 것이다. 그들이 말하는 하나님은 지성적인 창조주이자 우주

[7] 어떤 추상적인 특질이 구체화 또는 유형화된 것

의 옹호자, 전능하신 인격체로서의 개념이고, 성경 속에 나오는 하나님 역시 바로 그런 개념이다. 스티븐 호킹은 바로 이점을 혼동하는 것으로 보인다.

더구나 필자가 앞에서 언급한 것은 뉴턴의 법칙이지 하나님의 법칙이 아니다. 필자가 이렇게 말하는 이유는 너무나도 명료하다. 특정 조건에서 움직이는 물체의 작용을 이론화해서 법칙으로 체계화한 사람이 바로 뉴턴이기 때문이다. 뉴턴의 법칙은 특정한 초기 조건에서 우주의 일부가 움직이는 규칙성과 패턴을 설명해준다. 그러나 그런 규칙성과 패턴이 있는 우주를 창조하신 분은 하나님이지 뉴턴이 아니다. 그리고 그런 패턴을 인지하고 그것을 뛰어난 수학적 공식으로 전환하도록 뉴턴에게 지적 능력과 통찰력을 부여하신 분도 궁극적으로는 하나님이시지만, 뉴턴이 정리했기 때문에 그냥 우리가 '뉴턴의 법칙'이라고 부르는 것이다.

따라서 호킹의 주장은 마치, 자연법칙 중 극히 일부의 하나인 뉴턴의 법칙을 뉴턴이 만들었다고 해서 (사실은 정리한 것이지만) 뉴턴을 자연법칙의 화신으로 정의하는 논리나 다를 바 없는 주장이다.

그렇더라도 어떤 사람들은 하나님을 자연법칙으로

정의하고픈 사람들도 있을 것이다. 그리고 실제로 스티븐 호킹은 자연법칙에 창조 능력을 부여하며, 그 일을 아주 그럴듯하게 해내고 있다. 하지만 하나님에 대한 그의 개념은 갈릴레오나 케플러나 데카르트나 뉴턴의 개념과 전혀 다른 것으로 부적절한 해석에 지나지 않는다.

신과 물리법칙은 어떤 관계인가?

믿기 어렵기는 하지만, 호킹은 인류의 벅찬 의문에 대해
'4단계 해설' 중 두 번째 단계인 '형식적 요소',
즉 '이론과 계획'으로만 설명하려는 듯 보인다.
그는 우주가 탄생하는 데는 중력 법칙만 있으면 충분하다는
주장을 편다. 그럼 중력은 어떻게 생긴 것이냐고 물으면,
'M이론' 때문이라고 답한다. 하지만 어떤 이론이나 물리법칙이
중력을 존재하게 할 수 있다는 생각은 이론과 법칙의 본질을
잘 모르고 하는 말이다. 과학자들은 흔히 자연현상을 설명할 수
있는 이론과 수학법칙을 만들어내고
그것을 통해 무언가 예측하기를 기대하는데,
이와 관련해서 어느 정도 괄목할 만한 성과를 거두기는 했지만,
그렇더라도 이론과 법칙은 본질적으로 존재 이후의 현상을
체계화한 것이지 존재 이전의 원인을 규명한 것은 아니다.

하나님을 '틈새의 하나님'으로 보는 호킹의 잘못된 인식은 결국 심각한 결과를 초래한다. '과학이 발전함에 따라 하나님의 자리가 줄어들었다'라는 사고

방식은 필연적으로, 호킹을 리처드 도킨스나 그의 옹호자들이 빠지는 '범주 오류', 즉 '다른 범주에 속하는 말을 같은 범주에 속하는 것으로 착각하는 오류'에 빠뜨리고 말았다. 다시 말해 하나님에 대한 인식의 잘못 때문에 하나님과 과학에 대해 논하는 중에, 하나님과 물리법칙 중에서 하나를 선택해야만 한다는 이분법적 상황을 초래했다. 호킹은 모든 물리학 이론을 최종적으로 결합시킬 것으로 믿는 M이론을 거론하면서 다음과 같이 말했다.

"M이론에 따르면 수많은 우주가 무無의 상태에서 창조된 것으로 예측된다. 이 창조 과정에 초자연적인 존재나 신의 개입은 필요하지 않다. 그보다는 물리법칙에 따라 다중우주가 자연적으로 발생한 것으로 보인다."

그렇다면 한 번 보자. 초자연적 존재나 신은 어떤 일을 하는 행위자agent이다. 그리고 성서에 나타나 하나님의 경우엔 더구나 인격적 행위자personal agent이다. 그런데 호킹은 이런 행위자의 존재를 부인하고 우주 창조의 기원을 물리법칙의 능력으로 돌리고 있지만, 물리법칙은 어떤 행위의 주체가 아니라 피행위의 산물이다. 즉, 호킹은 전적으로 피행위의 결과인 물리법칙과 인격적 행위personal agency를 서로 혼동하는 전형적인 오류를 범하고 있는 것이다. 그러므로 그가 우리에게 둘 중 하나를 선택하라는 것은 매우 잘못된 대안에 불과하다.

그는 하나님과 물리법칙의 서로 다른 측면, 즉 추체적인 행위와 피주체적인 법칙이 있다는 것을 혼동하고 있는 것이다. 우주 탄생의 기원을 하나님으로 설명하는 것과 물리법칙으로 설명하는 것은 아주 다른 차원의 접근방식이다.

우리가 이 문제를 더 쉽게 이해하기 위해 우주를 제트엔진이라 생각하고 바꿔 설명해보겠다. 우리는 제트엔진을 설명할 때, 그것을 발명한 프랭크 휘틀경이라는 인격적 행위자가 만들었다고 해야 할까? 아니면 인격적 행위자의 역할을 부인하고 제트엔진이 물리법칙에 따라 자연적으로 생겨났다고 해야 할까? 제트엔진이 만들어진 배경을 두고 과학법칙과 프랭크 휘틀경 중 하나를 선택하라고 하면 너무나 웃기는 일이 아니겠는가? 이것은 양자택일의 문제가 아니다. 이 문제를 충분히 구체적으로 설명하려면 앞에 나온 두 측면이 모두 필요하다. 그러므로 제트엔진의 탄생 배경에서 과학적 기능과 행위자의 역할 사이에는 경합도, 선택도, 충돌도 없다. 우주 탄생 배경도 마찬가지이다. 하나님 역할설과 물리법칙 역할설은 서로 경합도, 선택도, 충돌도 아니다. 물리법칙으로 설명되는 세상을 애초에 만드신 분이 하나님이라는 점에서, 하나님이야말로 모든 의문의 실제적 근거가 된다고 할 수 있다. 따라서 하나님이냐 과학이냐를 놓고 택일하라고 하는 것은 전혀 논리적이지 않을 뿐만 아니라, 어쩔 수 없이 사람들이 과학보다는 하나님을 선택한다면 호킹은 결국 사람들을 과학으로부터 멀어지게 했다는 비난을 받을 수밖에 없다.

전임 루카시안 석좌교수였던 아이작 뉴턴경은 만유인력의 법칙을 발견할 당시 호킹과 같은 착각에 빠지지 않았다. 뉴턴은 '만유인력의 법칙이 있으니 하나님 같은 건 필요 없다'라는 식의 말을 하지 않았다. 오히려 그가 만유인력을 발견한 후에 심혈을 기울인 일은, 과학 역사상 가장 유명한 책인 <자연철학의 수학적 원리>를 저술해 사람들에게 하나님을 믿으라고 권유한 일이었다.

물리법칙은 제트엔진이 어떻게 작동하는지는 설명할 수 있지만, 애초에 제트엔진이 왜 존재하게 되었는지는 설명할 수는 없다. 제트엔진을 만드는 데는 물리법칙 이전에 프랭크 휘틀경의 지적 능력과 상상력, 과학적 창의력, 그리고 여러 가지 물질과 요소가 필요했다는 것은 너무나 자명한 일이다.

 아주 오래전에 아리스토텔레스는 이 문제에 대해 깊이 사색했다. 그는 서로 다른 네 가지 요소에 대해 담론했다. 이를 필자더러 굳이 이름 지으라고 한다면, '4단계 해설'이라고 부르겠다. 다시 제트엔진을 예로 들면, 첫 번째는 물질적 요소로 엔진을 제작할 수 있는 소재가 있어야 한다. 두 번째는 형식적 요소로 프랭크 휘틀경이 구상한 엔진에 대한 개념과 계획, 그리고 이론과 청사진이 있어야 한다. 세 번째는 능률적 요소로 그 작업을 실제로 진행할 주체의 존재가 있어야 한다. 그리고 네 번째는 궁극적 요소로 제트엔진을 구상하고 제조하려는 궁극의 목적의식이 있어야 한다.

 일반적으로 과학자들은, 과학이라는 학문은 '물질적 인과관계因果關係'에 초점을 맞추는 것이 본질이라고 생각한다. 즉, 과학은 제트엔진이 작동하는 것은

'어떤 원리로 그렇게 되는 것이냐?' 하는 원인을 묻는 학문이며, 또 '어떻게 해야 하느냐?' 하는 방법을 묻는 학문이라고 생각한다. 그러면서 제트엔진을 만든 사람의 목적, 다시 말해 제트엔진을 왜 만들었는지에 대해서는 묻지 않는다. 여기에서 중요한 사실은 제트엔진의 과학적 설명에 프랭크 휘틀경이 등장하지 않는다는 점이다. 이와 관련하여 프랑스의 천문학자이자 수학자였던 라플라스(1749~1827)는 '과학적 설명에는 왜? 라는 가설이 필요하지 않다'라고 말했다.

하지만 그러한 기능적인 학문의 자세를 이유로, 제트엔진의 탄생 배경을 설명할 때 프랭크 휘틀경의 존재를 배제한다는 것은 말도 안 되는 일이다. 그가 바로 제트엔진이 왜 존재하는가의 질문에 대답할 당사자인데, 그가 배제되면 말이 되겠는가? 그럼에도 많은 과학자들이 우주 탄생의 배경에 관해서 그렇게 한다. 그들은 처음부터 하나님을 배제한 상태에서, 과학에서 허용되는 질문의 범위를 정한 다음 하나님은 필요하지도 존재하지도 않는다고 주장한다. 그리고 그렇게 함으로써 과학은 우주에 왜 무無가 아닌 유有가 존재하는지에 대한 질문에 답할 수 없다는 사실은 보지 못한다. 또한 그들은 자신들이 하나님을 배제한 것은 '통상적으로 말하는 과학적 사실의 문제'가 아니라 자신들의 '무신론적 세계관'이라는 사실 자체도 깨닫지 못한다.

스티븐 호킹은 <위대한 설계>에 앞서, 자신이 저술한 책 <시간의 역사>에서 다음과 같은 말로 우주를 존재하게 한 이론이 있을 수도 있다는 암시를 남겼다. "보통 자연과학에서 사용하는 수학적 모델 접근방식으로는 '왜 우주는 모든 불편을 무릅쓰고 존재하게 되었을까?' 하는 질문에 답할 수 없다. 우주가 스스로의 존재를 초래한 것을 설명하려면 보다 설득력 있는 통합 이론이 필요하지 않을까? 만약 우주를 탄생시키는데 창조주가 필요했다면, 그는 우주에 다른 영향도 미치고 있어야 하는 것이 아닌가?"

믿기 어렵기는 하지만, 호킹은 인류의 벅찬 의문에 대해 '4단계 해설' 중 두 번째 단계인 '형식적 요소', 즉 '이론과 계획'으로만 설명하려는 듯 보인다. 그는 우주가 탄생하는 데는 중력 법칙만 있으면 충분하다는 주장을 편다. 그럼 중력은 어떻게 생긴 것이냐고 물으면, 'M이론' 때문이라고 답한다. 하지만 어떤 이론이나 물리법칙이 중력을 존재하게 할 수 있다는 생각은 이론과 법칙의 본질을 잘 모르고 하는 말이다. 과학자들은 흔히 자연현상을 설명할 수 있는 이론과 수학법칙을 만들어내고, 그것을 통해 무언가 예측하기를 기대하는데, 이와 관련해서 어느 정도 괄목할 만한 성과를 거두기는 했지만, 그렇더라도 이론과 법칙은 본질적으로 존재 이후의 현상을 체계화한 것이지 존재 이전의 원인을 규명한 것은 아니다.

이점과 관련하여 영국의 공리주의 철학자이자 신부였던 윌리엄 페일리는, 황야에서 우연히 시계를 발견하고 집어든 사람을 예로 들면서 다음과 같이 말했다.

"그 사람에게 손에 든 시계가 다름 아닌 금속성의 법칙에 따라 만들어진 것이라고 알려주면 그 사람은 깜짝 놀랄 것이다. 자연법칙이 모든 사물을 움직이는 원인이라고 말하는 것은 언어의 왜곡에 불과하다. 법칙은 반드시 행위자의 존재를 필요로 한다. 법칙은 그 행위자가 움직이는 어떤 특정한 방식에 따라 작용한다. 행위자는 의지와 힘을 내포하며, 행위자의 의지에 따라 그 힘이 작동한다. 행위자와 힘, 이

두 가지는 서로 다르다. 행위자 없이 법칙 혼자서는 아무것도 할 수 없다."

 맞는 말이다. 물리법칙 혼자서는 아무것도 창조할 수 없다. 그것은 어떤 주어진 조건에서 일상적으로 벌어지는 특정 현상을 설명할 뿐이다.
 이것은 호킹이 물리법칙을 설명하려고 한 첫 번째 실례에서도 분명히 드러난다. 호킹의 말대로 해는 매일 아침 동쪽에서 뜨는 법이지만, 그 법칙만으로는 해도 지구도 무엇도 만들어내지 못한다. 법칙으로 어떤 현상의 설명과 예측은 가능하겠지만, 창조는 불가능하다. 마찬가지로 뉴턴의 중력 법칙으로는 중력 자체도, 중력의 작용을 받는 물질도 만들어내지 못한다. 뉴턴 자신도 인정했듯이, 뉴턴의 법칙은 중력조차도 완전하게 설명하지 못한다.
 물리법칙만으로는 아무것도 만들어낼 수 없을 뿐만 아니라, 아무 일도 일어나게 할 수 없다. 이를테면 뉴턴의 저 유명한 운동법칙만으로는 당구공이 초록빛 당구대 위를 빠르게 굴러가게 할 수 없다. 누군가가 큐를 잡고 그의 근육으로 공을 밀어야만 비로소 공이 굴러가는 것이다. 법칙은 단지 공의 움직임을 분석하고, 그 궤도를 그려서 공이 앞으로 굴러갈 방향을 예측해낼 뿐이다. 그것도 다른 외부 요인에 방해받지 않는다는 전제 하에서… 법칙 자체는 힘이 전혀 없으므로 공을 굴러가게 하지 못하는데, 하물며 공을 창조해낼 수가 있을까?

우주의 작동이 자연법칙에 의해 지배된다고 말하면 그 의미는 이해가 된다. 하지만 우주가 물리법칙 때문에 자연적으로 생겨났다거나, 중력이 M이론 때문에 생긴다는 호킹의 주장은 이해할 수는 주장이다.

자연법칙을 근본적으로 잘못 이해한 사람 중에는 영국의 유명한 물리학자 폴 데이비스도 있는데, 그는 파이낸셜타임스와의 인터뷰에서 이렇게 말했다. "우주의 기원이나 생명체의 기원에 대해 우리는 초자연적 존재 같은 것을 원용할 필요가 없다. 나는 이 문제에 대해 신성한 분을 들먹이는 일이 영 못마땅하다. 나는 여러 가지 수학법칙이 만물을 존재하게 했다는 이야기를 더 믿고 싶다."

나도 수학자이지만 말도 되지 않는 얘기다. 수학법칙이 어떻게 만물을 존재하게 할 수 있단 말인가? 존재하게 하기는커녕 1+1=2와 같은 법칙만으로는 이미 존재한 것의 수수께끼조차도 다 풀지 못한다. 그 법칙은 은행 구좌에 1달러 한 장도 입금해주지 못한다. 내가 은행에 1,000 달러를 입금한 후 또 1,000 달러를 입금했다면, 산술 법칙은 지금 내 잔고가 2,000 달러라는 사실은 합리적으로 계산해준다. 그러나 구좌에 잔고가 단 한 푼도 없는 상태에서 산술 법칙이 구좌에 돈을 입금해주기를 바란다면, 나는 영원히 잔고 0원의 상태를 벗어나지 못할 것이다.

<나니아 연대기>, <악마의 편지>의 저자로 유명한 영국의 소설가 겸 신학자 C. S. 루이스는 이 문제의 핵심을 분명히 간파하고 자연법칙에 대해 다음과 같이 정리했다.

"자연법칙은 어떤 현상도 만들어내지 못한다. 다만 산술법칙이 모든 금전 거래에 따르는 패턴을 설명해주듯이(단, 돈을 소유하고 있을 때에만), 자연법칙은 모든 현상에 따르는 패턴을 설명해줄 뿐이다.(단, 현상이 일어나도록 유도될 때에만) 그러므로 자연법칙은 언뜻 어떤 의미에서 우주 전체의 시공을 아우르는 듯하지만, 다른 의미에서 보면 '실제 현상들을 끊임없이 쏟아내며 진짜 역사를 이루어가는 진정한

의미의 우주 전체'를 포용하지 못하고 있는 것이다. 그러므로 어떤 법칙이 무엇을 초래할 수 있다고 생각하는 것은 마치 돈 계산을 하는 것만으로 진짜로 돈을 번다고 믿는 것과 같다. 이 법칙들이 할 수 있는 최소한의 역할은 'A가 있을 때 B를 얻을 수 있다'라고 설명하는 것뿐이다. 그것도 반드시 A가 먼저 있어야만 한다. 자연법칙만으로는 절대 A가 만들어지지 못한다."

 루이스의 말처럼 법칙은 온갖 조건을 붙여 이미 만들어진 우주를 설명할 수 있을 뿐, 아무것도 없는 상태에서 우주를 만들어내지는 못한다. 우리가 법칙과 원리를 통해 알 수 있는 것은 일련의 패턴이다. 그러나 실재의 우주가 존재하려면 무언가가 그런 패턴이 생기도록 힘을 실어줘야 한다. 불명확한 실재의 소용돌이가 일정한 패턴으로 자리 잡으려면 어떤 힘이 필요하기 때문이다. 만일 하나님이 우주를 창조하셨다면, 그분이야말로 이 소용돌이의 근원이며 납득 가능한 구체적인 실재이시다.

스티븐 호킹은
성경을 진지하게 검토했는가?

 만일 스티븐 호킹이 철학을 무시하지 않았더라면, 그는 분석철학의 대가인 비트겐슈타인이 주장한 '모더니즘의 기만'과 조우했을지도 모른다. 비트겐슈타인은 '자연법칙이 우리에게 겨우 구조적 규칙성 정도만 알려주면서 우주를 설명하려 든다'고 지적하며, 이를 '모더니즘의 기만'이라고 했다. 그리고 노벨 물리학상을 받은 미국의 물리학자 리처드 파인만은 여기서 한 걸음 더 나아간다. 그는 이렇게 말했다. "모든 우주 현상을 분석할 수 있는 룰rule이 있다면 그것은 기적과 같은 일일 것이다. '중력의 역제곱 법칙' 같은 규칙을 발견할 수 있다는 것은 어떤 의미에서 기적이다. 그것은 전혀 이해되지는 않지만, 무언가를 예측할 수 있게 해준다. 다시 말해 실험하지 않고도 실험하면 실제로 일어나게 될 현상을 미리 예상하게 해준다."

 그런 법칙들이 수학적 공식으로 치환될 수 있다는

사실 자체는 아인슈타인에게 물리적 우주 너머를 생각하게 하는 끝없는 기쁨의 원천이었다. 그는 필리스 라이트라는 여학생에게 보낸 서한에서 다음과 같이 말했다.

"진정한 의미에서 과학을 추구하는 사람이라면, 자연법칙을 알면 알수록 모든 면에서 인간을 초월하는 어떤 영혼의 존재가 있다고 확신하게 된다는 것을 깨닫게 될 것이다. 이런 진실을 대면한 사람이라면 우리 인간이 지닌 별로 내세울 것도 없는 능력이라는 것이 얼마나 초라한지 깨달아야만 한다."

스티븐 호킹은 '왜 무無가 아닌 유有가 존재하는가?'라는 본인이 제기한 핵심 질문에 대해 분명한 대답을 내놓지 못하고 있다. 그는 다만 '중력이 존재하기 때문에 필연적으로 우주가 창조될 수밖에 없었다'라고 주장한다. 그렇다면 필자는 이렇게 묻고 싶다. '중력은 애초에 왜 존재하게 되었는가? 그것을 존재하게끔 한 힘은 무엇인가? 중력을 만들고, 수학적 법칙으로 설명할 수 있도록 그 모든 속성과 잠재력을 부여한 이는 누구인가?'

비슷한 내용이지만, 호킹이 '자연발생적 창조론'을

주장하기 위해 '우주가 굴러갈 수 있도록 파란 종이에 불을 지피는 데 필요한 것은 중력뿐'이라고 주장한 부분에 대해 필자는 '그 파란 종이는 도대체 어디서 났는가?' 하고 묻고 싶다. 만약 그 종이가 우주를 굴러가게 했다면 그 종이의 출처는 분명히 우주가 아니다. 따라서 창조주 하나님이 아니라면 궁극적으로 그 종이에 불을 붙인 이가 누구겠는가?

현대 천문학의 아버지이자 퀘이사[8]의 발견자인 미국의 천문학자인 앨런 샌디지는 인류의 벅찬 질문에 대한 다음과 같은 자신의 대답에 한 치의 의심도 가지지 않는다. 그는 뉴욕타임스와의 인터뷰에서 이렇게 말했다.

"나는 카오스chaos, 즉 우주가 발생하기 이전의 원시적 상태에서 자연적으로 어떤 질서가 비롯될 개연성은 희박하다고 본다. 무언가 여기에 질서를 만들어주는 존재가 있어야만 한다. 하나님은 내게 신비이시자, 왜 무無가 아닌 유有가 존재하는지 그 기적을 설명해주시는 유일한 분이시다."

---

[8] 블랙홀이 주변 에너지를 집어삼키는 그 에너지로 형성되는 거대한 발광체로서 지구에서 관측되는 가장먼 천체

얼마 전까지만 해도 일부 과학자들은 아리스토텔레스의 '시작도 끝도 없는 영원한 우주론'의 관점에 동조했었다. 그러나 그 이론은 나중에 너무 많이 각색되어 지금은 신뢰를 받지 못하고 있다. 오늘날 흥미로운 사실은 호킹이 종교를 공격할 때마다 빅뱅 이론에 지나치게 매달리는 듯하지만, 빅뱅은 오히려 <구약성경> 창세기에 나오는 지구 창조 과정을 연상케 한다는 점이다.

스티븐 호킹은 기독교의 창조론에 대해 다음과 같이 반박했다.

"구약성경 창세기에 의하면 하나님은 창조 6일째에 아담과 이브를 지으셨다고 되어있다. 그리고 이에 근거하여 1625년부터 1656년까지 아일랜드 대주교를 지낸 어서 주교는 지구의 탄생일이 BC 4004년 10월 27일 오전 9시라고 아주 정확하게 계산해냈다. 하지만 나는 생각이 다르다. 지구에 인류가 등장한 것은 그리 오래되지는 않았지만, 우주의 역사는 그보다 훨씬 전인 137억 년 전까지 거슬러 올라가며, 그 때 스스로 시작되었다."

호킹의 지지자들은 이렇게 말할지도 모른다.

"맞는 말이다. 어서 주교의 성경 해석과 지구의 탄

생일 계산은, 지구는 고정되어 있고 천체가 지구를 중심으로 회전한다는 프톨레마이오스의 우주관에 만족하는 것이며, 적어도 스티븐 호킹이라면 그런 계산은 꿈도 꾸지 않을 것이다."

 그러나 필자는, 호킹이 과학적 데이터는 진지하게 검토하면서 성경의 데이터는 진지하게 검토하지 않은 점을 지적하고 싶다. 만일 호킹이 구약성경의 창조 이야기를 스칸디나비아나 마야, 아프리카, 중국의 신화쯤으로 취급하지 않고 조금만 더 주의 깊게 읽었더라면, 구약성경이 우주의 창조 시점을 밝히지 않았다는 사실을 알았을 것이다. 창세기 1장 1절 '태초에 하나님이 천지를 창조하시니라' 라는 내용은 분명히 2, 3절 지구의 혼돈 상태와 빛의 창조 이전에 나오며, 동식물과 인간의 창조 주간에 포함되지 않는다. 따라서 세상이 창조된 날을 어떻게 계산하든 간에 성경에는 지구나 우주의 나이가 구체적으로 나와 있지 않다. 그러므로 창세기의 천지 창조 년대와, 과학적 계산을 통해 산출한 137억 년 전이라는 년대 사이에는 어떠한 충돌도 발생하지 않는다. 호킹이 지적한 것처럼, 우주에 시작점이 있다는 과학적인 증거는 1900년대 초가 되어서야 처음 등장했다. 하지만 성경은 몇 천 년 동안이나 묵묵히 지구의 창조 과정을 주장해오고 있다.

Section
3

신일까, 다중우주일까?

창조주에 대한 역설적인 증거

M이론은 무엇인가?

과학에서의 주관적인 요소는 어떻게 작용하는가?

스티븐 호킹의 실재에 대한 인식의 오류

연법칙들을 지닌 수많은 우주, 즉 다중우주 가운데 하나인 것으로 보이기 때문이다."

 이것이 바로 호킹이 가진 무의식적 강박관념이라는 것이다. 표현상으로 볼 때 그는 '누군가에 의한 위대한 설계'를 인식하고 있음이 분명하다. 그는 책의 한 장章을 모두 할애해서 자연법칙과 물리학의 기본 상수常數가 얼마나 한 치의 오차도 없이 맞춤 제작되었는지 상세하게 설명하고 있다. 그러나 역설적이게도 그가 내놓은 이러한 인상적인 증거들은 바로, 그가 비하조로 표현한 '위대한 설계자가 우주를 창조했다는 해묵은 생각'과 딱 맞아떨어진다. 이것이 바로 창조주 하나님이 존재한다는 강력한 증거인 것이다. 우주가 위대한 설계자의 설계도에 따라 만들어진 것이기 때문에 물리학상의 기본 상수들이 한 치의 오차도 없이 정확하게 맞아떨어지는 것이다.

 호킹의 표현대로 신의 창조설은 분명히 '오래된 생각'이기는 하다. 그러나 오래되었다는 것보다 더 중요한 것은 그 생각이 맞느냐 틀리느냐이다. 그저 단순히 '해묵은 생각'이라고만 말한다면 낡은 것은 무조건 잘못된 것이며, 그 이론은 이미 다른 이론으로 대체되었다는 잘못된 인상을 심어준다. 그뿐만 아니라 오늘날에는 누구도 그런 낡은 생각을 하지 않는다는 느낌마저 준다. 그렇지만 우리가 알고 있듯이 일부 지성을 갖춘 과학자들은 그 '오래된 생각'을 지금도 여전히 옹호하고 있다. 게다가 위대한 설계자 한 분, 즉 창조주 하나님이 계신다는 신념을 갖고 있는 사람은 이 지구상에 수백억 명은 못 되어도 수십억 명은 되며, 무신론자들의 이론을 믿는 사람들보다는 현저하게 그 숫자가 많다.

앞에서 본 것처럼 스티븐 호킹은 '어떤 위대한 설계자가 우주를 창조했다는 생각은 현대과학적인 해답이 아니다'라고 주장했다. 그렇다면 그가 말하는 '한 치의 오차도 없는 법칙 fine-tuning', 즉 '명확한 기적 apparent miracle'과 관련해서 그가 우리에게 들려주고 싶은 이야기는 무엇일까? 바로 다중우주론이다.

다중우주론을 개략적으로 설명하면, 다세계多世界의 시나리오에 따라 모든 물리적 사건에 대한 모든 결과가 각각 실재하는 수많은 우주가 존재한다는 이론이다. 그러므로 그 이론에서 인간이 사는 우주와 똑같은 우주가 적어도 한 개 이상 존재할 것이라고 주장하는 것은 그리 놀라운 일이 아니다.

하지만 우리는 여기서, 스티븐 호킹이 또다시 잘못된 대안을 제시하는 함정에 빠졌다는 사실을 알 수 있다. 이번에는 그 선택이 하나님이냐, 다중우주이냐의 문제로 바뀌었을 뿐이라는 것이다. 개념상으로 볼 때 많은 사람들이 생각하는 하나님은 마음 내키는 대로 수많은 우주를 만드실 수 있는 분이다. 그렇기 때문에 다중우주는 하나님을 배제하지도, 배제할 수도 없다.[9] 따라서 호킹은 애당초 창조론의 하나님을 제대로 이해하고 반론을 제기했어야 한다.

오스트리아의 철학교수 필 도우는 그의 저서 <갈릴레오와 다윈, 그리고 호킹>에서 이렇게 말했다.
"호킹은 다른 우주들은 차치하고라도 우리가 속한 우주의 물리 상수들은 한 치의 오차도 없다고 말했다. 만약 그렇지 않다면 모르지만 바로 그렇기 때문에 지금으로서는 이 우주에서 엄연히 나타나고 있는 '하나님의 위대한 설계에 대한 증거'를 무효화할 수 없다."

---

[9] 버나드 카(Bernard Carr)가 엮은 <우주인가, 다중우주인가?(Universe or Multiverse?)>에 실린 로빈 콜린스의 기고문을 참조

그렇다면 다중우주가 존재한다는 것은 무엇을 의미하며, 그 이론은 정말 정확한 것인가? 만일 그 이론이 정확하다면 호킹은 그것을 어떻게 증명할 것인지 처음부터 다시 시작해야만 한다.

아쉽게도 호킹은 <위대한 설계>에서 다중우주설을 설명하려다가 과학의 범주에서 이탈하여 철학의 영역으로 들어가고 말았다. 그는 책의 서두에서 철학의 죽음을 너무 성급하게 선언해버렸다.

영국의 물리학자이자 우주학자인 폴 데이비스가 지적한 것처럼 '모든 우주론에 나오는 모델은 철학 원리로 관찰한 결과에 영향을 받아 구성된 것'이다. 그뿐만 아니라 세계 과학계는 다중우주론에 그다지 환호하지 않는다는 것이 다수의 의견이다. 이런 반응을 보인 인물 중 저명한 사람으로는 영국의 수리물리학자 로저 펜로즈 경이 있다. 그는 스티븐 호킹과 함께 물리학 연구를 했던 인물로, 이스라엘의 권위 있는 과학·예술상인 울프상Wolf Prize을 스티븐 호킹과 공동 수상한 사람이다.

펜로즈 경은 <위대한 설계>에 언급된 '다중우주론'에 대해 다음과 같이 언급했다.

"스티븐 호킹은 다중우주라는 용어를 남용하고 있

다. 책의 곳곳에 다중우주라는 말이 과다하게 등장하는데, 그 용어는 유감스럽게도 제대로 된 이론을 가진 용어가 아니다."

사실 펜로즈는 '다중우주'라는 용어를 별로 좋아하지 않는다. 왜냐하면 그는 그 용어 자체가 부정확하다고 보기 때문이다. 다음과 같은 말에서 그의 견해가 드러난다.
"이러한 관점은 서로 다른 우주들이 동시에 공존한다는 요즘의 사조를 반영한 것이지만, 그것은 분명히 잘못된 것이다. 그 이론에서 각각의 우주들은 독립적으로 존재하지 못한다. 왜냐하면 각 우주가 뚜렷한 경계 없이 중첩되어 나타난 광대한 우주만이 실재로 인식되기 때문이다."

펜로즈 뿐만 아니라 또 다른 저명한 이론물리학자인 존 폴킹혼은 아예 다중우주 개념 자체를 부인한다. 그는 필자와의 대화에서 이렇게 말했다.
"다중우주는 다만 추론일 뿐이다. 엄밀히 따지면 이런 추측들은 물리학이 아니라 형이상학이다. 우주가 여러 개라는 주장은 그것을 믿을만한 과학적 근거가 전혀 없기 때문이다. 다중우주론에서 말하는 다른 세계는 구체적으로 알 수가 없는 세상이다. 차라리 이에 대한 지성적인, 그러면서도 훨씬 더 현실적이고 정확한 설명은 '우리 우주가 이 모습 그대로'라는 것이다. 인간의 과학적 지식은 한계가 있기 때문에, 현재 우리가 인지하는 우주의 모습 그대로가 창조주의 목적과 의지대로 만들어진 세상이라는 것이 훨씬 더 설득력이 있다."

그러므로 만일 필자에게 존재 가능한 모든 우주가 존재하며, 리처드 도킨스가 캔터베리 주교가 되고, 크리스토퍼 히친스가 교황이 되며, 빌리 그레이엄 목사가 금세기의 대표 무신론자로 선정되는 것도 얼마든지 가능하다는 '가능성의 이론'을 믿으라고 한다면, 차라리 나는 하나님이 훨씬 더 합리적인 선택이라는 믿음에 더욱 빠지겠다.

M이론은 무엇인가?

**우주물리학자 폴 데이비스도 이미 이와 비슷한 지적을 한 바 있다.
"다중우주를 설명하려는 M이론은 기존의 자연신론自然神論에
과학이라는 용어의 옷을 입힌 하나의 이론에 지나지 않는다.
M이론이든, 자연신론이든 둘 다 무한히 알려지지 않은
불가사의한 시스템에 관한 이론이다.
그러므로 우리가 실제로 관찰한 우주만을 제대로 설명하기
위해서라도 두 이론의 무모한 정보들은 폐기되어야 할 것이다."**

이번에는 소위 'M이론'으로 불리는, 스티븐 호킹이 궁극적으로 인용하는 이론에 대해 진지하게 검토해 보고자 한다.

호킹은 <위대한 설계>에서 M이론에 대해 다음과 같이 말했다.

"다섯 가지 끈 이론들과 초중력이론을 근사 이론들로 거느렸다고 생각되는, 더 근본적인 이론은 이른바 M이론이다. 이 명칭에서 'M'은 거장Master, 또는 기적Miracle, 또는 수수께끼Mystery를 뜻할 수도 있으며,

그 세 가지를 다 아우르는 듯일 수도 있다. …물리학자들은 전통적으로 자연을 기술하는 단일한 이론을 기대해 왔지만, 그러나 그것은 부적절한 기대이고 …우주를 기술하려면 다양한 상황들에 맞는 다양한 이론들을 모두 통합해야 한다."

이렇게 M이론의 개요에 대해 언급한 후 장황하게 설명되는 내용을 보면, 호킹이 말하는 M이론은 11차원의 시공을 속성으로 하는데, 입자는 점이 아니라 진동하는 끈과 같다는 복잡한 개념을 포함하는 초대칭 중력이론이다. 호킹은 이를 두고 '이것은 아인슈타인이 발견하고자 했던 통합 이론이다'라고 자신 있게 말하고 있다.

만약 M이론이 완성된다면 수리물리학의 대단한 쾌거가 될 것이다. 하지만 앞에서 지적한 바와 같이 물리법칙이 하나님의 존재에 치명타를 입히기는커녕, 오히려 우리로 하여금 하나님의 창조적 능력을 더욱 경외하게 할 뿐이다. 스티븐 호킹의 제자로 그와 함께 8편의 논문을 집필했던 앨버타 대학 출신의 이론물리학자 돈 페이지는 필자와의 대화에서 이렇게 말했다.

"설령 M이론이 완벽한 이론으로 정립된다 하더라도(아직은 그렇지 못하다), 또 그 이론이 맞는다고 하더라도(물론 아직은 알 수 없다), 그 이론이 하나님이 우주를 창조하지 않았다는 사실을 입증하지는 못한다."

그렇기 때문에 M이론은 추상적인 이론에 불과하고, 또 창조주를 대신할 수도 없다는 것을 다시 한 번 강조할 필요가 있다. 이것은 하나의 시나리오, 아니 더 정확히 말해서 여러 이론이 모여 한 묶음을 이룬 일련의 시나리오로서, 무려 10,500개의 우주를 가정하는 설익은 이론에 불과하다.

물론 호킹은 M이론의 완성이 가능하다고 주장하는데, 앞으로 더 살펴보겠지만 절대 확신할 수 없는 것이다. 그리고 설령 가능하다고 해도 M이론 자체만으로는 그 많은 우주 가운데 단 한 개의 우주도 창조할 수 없다. 그럼에도 호킹은 이렇게 단정한다.

"M이론의 법칙들은 저마다 다른 법칙이 존재하는 서로 다른 우주가 존재한다는 가능성을 보여준다."

'가능성을 보여주는 것'과 '창조하는 것'은 엄연히 다른 것이다. 여러 개의 우주가 존재할 가능성을 보여주는 이론 자체가 우주를 설계한 행위자 또는 그것을 만들어낸 메커니즘과 동일한 것일 수는 없다.

또 하나, 스티븐 호킹의 <위대한 설계>에서 아주 흥미로운 점은 그가 독자들에게 여러 차례에 걸쳐 '어떻든 간에 자연과학으로 말미암아 하나님이 필요 없어졌거나 또는 존재하지 않는다' 라는 암시를 주면서, 대신 창조적 능력이 전혀 없는 그 무엇, 즉 추상적인 이론에 창조 능력을 부여하려고 무척 애를 쓴다는 사실이다. 그는 창조주의 역할을 거부하려는 무모한 시도에 너무 많은 지적 소모를 하고 있다는 느낌이 든다.

이 점과 관련해서 <가디언>지의 과학담당 기자 팀 래드포드는 <위대한 설계>의 서평을 통해 다음과 같은 점을 지적했는데 아주 적절해 보인다.

"현대 우주물리학은 짧은 역사에도 불구하고, 마치 성경에 나오는 기적처럼 많은 이가 인정하고 경탄해 마지 않는 물리법칙인 양자법칙과 상대성이론을 정립했다. 그러나 스티븐 호킹의 M이론은 자꾸 뭔가 다른 것을 떠오르게 하는데, 그것은 '원동력', '초래자의 능력', '어디에나 존재하면서 어디에도 존재하지 않는 창조의 힘' 같은 것들이다. 이 힘은 도구를 사용하여 검증할 수도 없고, 수학적 예측을 통해 증명할 수도 없지만, 모든 가능성은 내포하는 것이다. 그렇다면 모든 가능성을 내포하고 언제 어느 곳에나 존재하며, 전지전능한 커다란 미스터리는 과연 무엇일까?"

우주물리학자 폴 데이비스도 이미 이와 비슷한 지적을 한 바 있다.

"다중우주를 설명하려는 M이론은 기존의 자연신론自然神論에 과학이라는 용어의 옷을 입힌 하나의 이론에 지나지 않는다. M이론이든, 자연신론이든 둘 다 무한히 알려지지 않은 불가사의한 시스템에 관한 이론이다. 그러므로 우리가 실제로 관찰한 우주만을 제대로 설명하기 위해서라도 두 이론의 무모한 정보들은 폐기되어야 할 것이다."

M이론이 타당성이 있느냐 없느냐가 필자의 주요 논제는 아니다. 그리고 논거에 영향을 미치지도 않는다. 하지만 많은 물리학자들이 그 타당성에 대해 호킹과 생각이 다르며, 이견을 흔쾌히 인정한다는

점에 대해서는 귀를 기울여볼 필요가 있다. 예를 들어, 영국 서레이 대학에서 이론물리학을 가르치고 있는 짐 알칼릴리 교수는 다음과 같이 말했다.

"다중우주의 개념과 M이론의 연관성은 잠정적인 것이다. 에드워드 위튼이나 스티븐 호킹과 같은 M이론 옹호자들은 '두 이론의 연관성에 대한 논란은 이미 끝났다'라고 말하지만, 이를 비판하는 사람들은 몇 년째 공세를 강화하고 있다. 그들은 M이론이 실험을 통해 검증될 수 없다면 과학 이론으로 볼 수조차 없다고 목청을 높이고 있다. 이 이론은 지금 당장은 사람들의 관심을 끌고 수학적으로 그럴싸하게 보일지는 몰라도, 아직은 수많은 만물이론 Theories of Everything 후보 중 하나에 불과하다."

그리고 폴 데이비스는 M이론의 타당성에 대해 'M이론은 현재로선 아무것도 검증할 수 없고, 가까운 장래에도 사정은 마찬가지일 것이다'라고 단정했다. 또 옥스퍼드 대학 출신의 물리학자 프랭크 클로즈는 이보다 한 발 더 나간다. 그는 이렇게 말했다.

"M이론은 아직 정의도 못 내렸다. …호킹 자신도 'M이론의 M이 무엇을 뜻하는지 정확히 아는 사람은 아무도 없는 것 같다'라고 말했다. 아마도 M은 '신화Myth'의 첫 글자일 수도 있다."
 그러면서 프랭크 클로즈는 다음과 같이 말을 맺는다.
"나는 하나님과 과학에 대한 논쟁에 있어, M이론이 하나님이든 과학이든 어느 한쪽에도 티끌만큼의 논거도 보태지 못한다고 본다."

 유럽 입자물리학연구소에서 강입자충돌기(빅뱅을 재현시켜 우주탄생의 비밀을 알아내기 위한 실험장치) 실험에 참가했던 존 버터워스는 이렇게 말했다.
 "M이론은 너무 추측에만 의존하고 있을 뿐만 아니라, 증거로 뒷받침되는 과학의 영역에도 들지 못한다."
 앞서 소개한 바 있는 수리물리학자 로저 펜로즈 경은 스티븐 호킹의 책이 출간되기 전에, 설익은 물리학 이론에 주의하라는 뜻으로 다음과 같은 경고의 말을 하기도 했다.
 "자만심이 가득한 이론 물리학자들 사이에는, 20세기 후반부터 이루어진 급격한 과학발달 덕분에 '만물 이론'이 완성될 날이 그리 멀지 않았다는 생각이 만연해 있다. 이런 생각은 한때 큰 흐름이었던 '끈 이론', 즉 '만물의 최소 단위가 입자가 아니라 진동하는 끈'으로써, 입자의 성질과 자연의 기본적인 힘은 끈의 진동에 따라 결정된다는 이론을 염두에 두고 나온 것이다. 그러나 이제 더 이상 그들은 낙관적일 수 없다. 왜냐하면 그렇게 관심을 끌던 '끈 이론'이 지금은 그 성격이 근본적으로 무엇인지조차 모를 M 혹은 F이론으로 완전히 바뀌었기 때문이다."[10]

그리고 펜로즈는 여기에서 그치지 않는다.
"나의 관점에서 보면, 이른바 '마지막 이론Final theory'은 적어도 아직까지는 아니다. …여러 괄목할만한 수리학적 성과는 끈 이론 및 관련 아이디어에서 나왔다. 하지만 이 성과들이 심오한 물리 아이디어를 투입하여 이룩한 두드러진 수학적 성과의 한 부분인 것에 비해 본질은 완전히 다르다는 것을 나는 납득할 수가 없다. 이론상으로 시공의 차원이 우리가 직접 눈으로 볼 수 있는 범위, 이를테면 1차원+3차원을 벗어난다면 나는 그 이론들이 우리가 물리학의 본질을 이해하는 방향으로 안내해주는 이론이라고 믿을 이유가 없다고 본다."

---

(10) 끈 이론이 10차원으로 정의되고 M이론이 11차원으로 정의 되는데 비해 F이론은 12차원으로 정의된다.

펜로즈는 스티븐 호킹의 책이 출판된 후에 한 라디오 방송 토론에서도 거침이 없었다. 그는 '우주가 무에서 스스로를 창조한다는 것을 과학으로 증명할 수 있느냐?'는 질문에 대해 호킹이 찬양하는 끈 이론을 거론하면서 이렇게 대답했다.

"아직은 그렇지 않습니다. 나는 이 책이 다른 여러 책보들보다 훨씬 더 많은 비난을 감수해야 할 것으로 봅니다. 우리는 인기 있는 과학 이론이 단지 어떤 아이디어에 의존하는 것을 발견할 때가 많습니다. 특히 끈 이론과 같이 눈으로 볼 수 없는 것은 근거가 없기 때문에 믿기 어렵습니다. 그렇다면 그것은 과학 이론이 아니라 그냥 아이디어일 뿐이죠. M이론을 검증해 볼 방법은 없습니다. …그것은 그저 단순히 많은 아이디어 가운데 하나이거나, 희망이거나, 소망의 종합세트 같은 것일 뿐입니다. 그 책은 우리를 현혹하고 있어요. 마치 그 이론 하나로 모든 것을 다 설명할 수 있다는 느낌이 들게 만듭니다. 그러나 M이론은 아직 정립되지 않은 이론이라는 사실을 알아야 해요."

스티븐 호킹은 어떤 이론에 대한 하나의 좋은 모형

이 있다면 그 모형의 조건은 다음과 같아야 한다고 관점을 밝혔다.

- *간단명료해야 한다.*
- *자의적이거나 임의 조정될 소지가 별로 없어야 한다.*
- *기존의 모든 관찰들과 일치하고, 그것들을 설명할 수 있어야 한다.*
- *만약 틀렸을 경우에 그 모형이 틀렸음을 증명할 수 있는, 미래 관찰에 관한 상세한 예측들을 내놓을 수 있어야 한다.*

이런 기준들과 호킹이 앞서 언급한 여러 내용들을 비교해보면, 그가 무슨 이유로 M이론을 적절한 모형이라고 말했는지 분명하지가 않다. 차라리 보이지도 않는 10,500개의 우주가 있다고 가정하느니, 어떤 지성적 창조주를 전제한 후 그가 우주를 한 치의 오차도 없이 질서 정연하게 만들었다고 설명하는 게 훨씬 더 간단명료하고, 조정될 소지가 없으며, 미래 관찰에 관한 예측들을 내놓을 수 있는 좋은 모형이 아닐까?

과학적 근거로 검증할 수도 없고, 아직 완성되지도 않은 추측 이론을 가지고 창조주가 존재하지 않는다는 결론부터 내린다면, 절대 합리적인 생각과 깊은 영적 사고로 무장한 유신론자들을 설득할 수 없을 것이다.

과학에서의 주관적인 요소는 어떻게 작용하는가?

 과학에도 주관적 요소가 있다는 것을 이해하는 것은 중요한 일이다. 어떤 과학자가 다른 모든 이론에서 전적으로 자유롭게 자신만의 연구 활동을 하여 편향되지 않은 객관적인 결론을 내림으로써, 절대적인 진리를 발견해 낸다는 것은 불가능한 일이다. 일반인들과 마찬가지로 과학자들도 이전에 이미 인식된 세계관의 관념이 있어서, 모든 상황에 그 관념들을 반영하기 때문이다. 그뿐만 아니라 이전의 이론을 원용하지 않고 어떠한 관찰을 한다는 것은 불가능에 가깝다는 것을 모두 잘 알고 있다. 예를 들어 열역학 이론을 차용하지 않고는 온도 측정조차 할 수 없다. 또한 과학 이론은 대개 연구 데이터를 토대로 세워지는데, 동일한 데이터가 여러 이론에 인용될 수 있다는 뜻이다. 이를테면 우리가 측정한 데이터를 유한한 점들의 집합으로 그래프에 나타냈을 때, 기초수학은 그 특정한 점들의 집합으로 그려낼 수 있는 곡선의 수가 무한하다는 사실을 알려준다.

그러므로 대부분의 과학자들은 과학이라는 학문이 그 특성상 어느 정도의 잠정성을 띤다고 거리낌 없이 말한다. 하지만 실제로는 이런 잠정성이 대개 지극히 드물게 나타난다는 것을 분명히 밝힐 필요가 있다.

사실 과학이 내놓은 기술은 라디오와 텔레비전, 컴퓨터, 항공기, 우주탐색기, 엑스레이, 인공심장에 이르기까지 세상의 모습을 근본적으로 변화시키는 데 눈부신 기여를 했다. 그러므로 포스트모더니즘 학자들이 '과학의 이런 잠정성과 주관적 요인들은 과학이 순전히 사회적 구성물임을 의미한다'고 주장하는 것은 말도 안 되는 이야기이다. 우주 물리학자 폴 데이비스는 다음과 같은 말을 했다.

"물론 과학에는 문화적인 측면도 있다. 그러나 만일 '태양 주위를 도는 행성들은 중력의 역제곱 법칙을 따른다'고 말하고, 여기에 정확한 수학적 의미를 부여하면 그것은 엄연한 사실이 돼버린다. 그렇기 때문에 나는 과학은 문화적 구성물이 아니라고 생각한다. 과학은 그저 설명을 용이하게 하기 위해 개발하고 상상한 산물이 아니기 때문이다. 나는 과학을 사실로 본다. 다른 기본적인 물리법칙들도 마찬가지이다."[11]

그러므로 제트비행기를 발명해낸 과학이 단순히 주관적인 사회적 구성물이라고 한다면, 지금껏 아무도 비행기를 타볼 수 없었을 것이다. 달리 말하면 중력의 법칙이 사회적 또는 문화적 구성물인지 아닌지 확실하게 아는 방법은 마천루 꼭대기에서 뛰어내리는 것일 것이다.

스티븐 호킹이 M이론을 하나의 모형으로 보기 때문에, 그가 책의 제3장에서 모형의 수학적 관점을 설명한 데 대해 몇 마디 언급할 필요가 있다.

호킹은 어항 속의 금붕어가 자신을 감싸고 있는 유리를 통해 세상을 왜곡되게 바라본다는 비유를 통해 다음과 같이 말하고 있다.

"실제로 존재한다는 것에 대한 개념은 형상 또는 이론으로부터 자유로울 수 없다. 그래서 우리는 '모형의존적 실재론model-dependent realism'이라고 부르는 방식을 채택한다. 이 개념은 물리이론 혹은 일반적으로 수리적 특성을 띤 우주 형상을 하나의 모형, 또는

---

[11] '우주에서의 발견(Found in space?)' 폴 데이비스와의 인터뷰, 〈서드 웨이(Third Way)〉지 1999년 7월호

모형의 요소들과 관측 결과를 결합하는 일련의 법칙들로 보는 관점이다. … '모형 의존적 실재론'에 따르면 어떤 모형이 실재적 존재이냐를 묻는 것은 의미가 없고, 관측되는 형상에 부합하느냐 마느냐의 문제일 뿐이다."

그러나 로저 펜로즈는 호킹의 이러한 이론에 공감하지 않는다. 그는 <실체에 이르는 길>이라는 저서에서 호킹의 주장에 대해, '비록 현재로서는 누구도 객관적인 해답에 접근했다고 볼 수 없지만, 존재론의 문제는 양자역학에서 매우 중요하다'라고 말하면서, <위대한 설계>에 나타난 호킹의 주관성을 다음과 같이 지적했다.

"아인슈타인이 현대 물리학의 양자역학을 연구하며 부딪친 어려움은 그 이론이 물리적 실재의 주관적 상황을 드러낸다는 점이다. 이는 아인슈타인뿐만 아니라 나의 연구에 있어서도 해결해야 할 문제인데, <위대한 설계>에서 호킹이 옹호하는 '이론 의존적 실재론theory-dependent realism'은 중간적 성격을 띠는 듯하다. 객관적 실재를 완전히 부인하지 않으면서도, 특정 이론들의 서로 다른 관점을 수용해 블랙홀과 화이트홀의 등가$_{等價}$ 가능성을 만들어내고 있다."

뒤이어 펜로즈는 '어항 속의 금붕어 비유'에 대해서도 다음과 같이 평했다.

"호킹은 금붕어 비유를 들어 어항 밖의 물리 공간에 대한 이론을 정립하고자 한다. 그는 '금붕어는 구$_{球}$형의 어항 속에 있기 때문에 인간에게는 직면으로 보이는 벽이 금붕어에게는 곡면으로 인식된다. 하지만 저항을 받지 않는 어떤 물체의 운동이 인간에게는 직선운동으로 관찰되고, 금붕어에게는 곡선운동으로 관찰된다 하더라도, 두 생명체는 일어날 수 있는 물리적 운동을 동시에 동일하게 예측한다. 그러므로 둘 중 어느 관점이 더 실재적이라고 말할 수는 없다'라고 말했다. 그런데 내가 여기서 지적하고 싶은 것은 실재에 대한 이러한 인식이 무엇이 새롭다는 것인지, 또 무엇이 '이론 의존적'이라는 것인지 알 수 없다는 것이다. 아인슈타인은 상대성이론에서 이미 이런 현상을 아주 흡족한 방식으로 다루었다. 서로 다른 관측자는 고정적인 시공간의 기하학을 국소적으로 설명할 수 있는 서로 다른 좌표를 선택할 수 있다. 고대 유클리드 기하학에서 출발한 수학체계는 오늘날 훨씬 더 미묘하고 복잡해졌다. 그러나 수학적 시공간이 설명하는 세상은 상당한 객관성을 지니고 있다. 그리고 일반상대성이론을 포함한 현대 양자이론이 고전물리학의 객관성에 위협이 되고 있지만, 그럼에도 실재에 대한 보편적이고 객관적인 상(像)을 제공하지는 못하는 것이 사실이다. 내 생각으로는 이 점이 바로 현대 양자이론의 불완전성을 나타내는 것이며, 이는 아인슈타인도 같은 생각이었다. 양자이론이 실재에 대한 객관적 상(像)을 제공할 수 있을 정도로 완전해지려면, 아인슈타인의 일반상대성적 시공간보다 훨씬 정교하고 교묘한 수학 이론이 새롭게 나와야 한다. 이 도전은 미래의 이론학자들이 창의성을 발휘하여 해결해야 할 과제이다. 그러나 양자이론이 실재의 객관적인 상을 제공한다 하더라도, 그것이 곧 '객관적 우주의 존재'에 대한 실마리는 되지 못할 것이다. 그리고 M이론도 마찬가지이다. 양자역학과 좀 다르긴 하지만 M이론 역시 무엇을 관찰하든 '객관적 우주의 존재'에 대한 실마리를 지원하지 못한다."

이와 같이 '실재'에 대한 호킹의 관점은 인간의 인식에 대한 자신의 생각에서 나온 것이다. 그는 '인간의 인식은 직접적으로 이루어지지 않고 두뇌의 해석 구조, 즉 일종의 렌즈를 통해 형상화된다'라고 말했다. 이제 호킹은 철학 중에서도 가장 복잡하고 어려운 분야인 인식론의 영역에 진입한 것이다.

인식론은 '앎에 관한 학문', 즉 우리가 안다는 것은 어떻게 알고 있는 것이며, 어떤 이유로 알고 있는지 다루는 이론이다. 인식론은 우리의 편견과 가치, 심지어는 과학적 조사법이 얼마나 우리의 인식을 제한하고 왜곡하는지 알려준다. 예를 들면, 양자역학은 고전역학과 달리 입자들끼리 상호 영향을 준다는 '기초입자 조사 방법론'을 취하기 때문에 연구자는 어떤 한 입자의 위치와 속도를 다른 것들과 동시에 알아낼 수 없다는 것을 우리는 알고 있다. 또한 연구자의 개인적 세계관이 실험 결과를 해석하고 이론을 정립하는 데에도 많은 영향을 미친다는 것은 잘 알려진 사실이다.

이슈가 되고 있는 인식론의 주요 쟁점에는 인지의 문제가 있다. 철학자들은 우리가 외부 세계의 무엇을 인지할 때 이루어지는 실제 과정을 탐구하고자 한다. 그런데 바로 이 단계부터 서로 다른 의견이 대립하고 있다.

 이런 논쟁의 한 극단에는 '자연적 실재론自然的 實在論'이 자리하고 있다. 이 이론에 따르면 우리는 일반적인 조건하에서는 외부 세계를 직접 인지한다. 예를 들어, 나무를 바라볼 때 우리는 나무를 보고 만지고 심지어 냄새를 맡아 나무의 존재와 질을 인지하게 된다.

 반면 이 논쟁의 반대편 극단에는 '표상적 실재론表象的 實在論'이 있다. 이 이론에 따르면, 우리는 나무든 그 무엇이든 직접 인식하지 못한다. 우리는 나무를 볼 때 어떤 주관적인 인상 혹은 그 나무의 표상적인 모습을 받아들인다는 것이다. 즉, 우리가 순간적으로 직접 인식하는 것은 객관적인 나무 자체가 아니라 '감각자료sense-data'라 불리는 주관적 표상에 의해서란다. 그리고 이 감각자료에 의존하여 나무에 대한 지식을 축적한다. 이 이론을 옹호하는 일부 철학자들은 이를 '축구 경기를 직접 관전하지 않고 TV 중계방송으로 보는 것도 결국은 축구경기를 보는 것'이라는 것에 비유한다. 하지만 이 이론은 우리가 축구 경기를 보면서 TV 스크린을 의식하지 못하듯이, 이런 주관적 감각자료를 반드시 인지하는 것은 아니라고 말한다. 또한 의례적으로 감각자료를 통해 나무의 존재와 특성을 추론하는 것도 아니라고 말한다. 그럼에도 이 이론은 우리의 인지 과정이 실제로 우리가 인식하는 것은 나무 자체가 아니라 단순히 이런 주관적인 감각자료이며, 이를 토대로 나무에 대한 지식을 쌓는다는 입장을 고수한다.

이제 이 이론의 의미를 분명히 밝혀야만 한다. 이 이론이 사실이라면, 우리는 목적 대상물의 객관적 실체에 관한 자신의 주관적 인상이 맞는지 틀리는지를 결코 따질 수 없다. 아무리 객관적 세상을 연구한다고 해도 우리는 목적 대상물을 결코 인식할 수 없고, 다만 목적 대상물에 대한 자신의 주관적 인상만을 인식할 뿐이기 때문이다. 우리는 어떤 일련의 감각자료가 다른 것보다 훌륭하다고 말할 수는 있겠지만, 실재하는 목적물에 대한 표상적 감각자료가 틀림없이 정확한지는 확인할 방법이 없다.

스티븐 호킹의 실재(實在)에
대한 인식의 오류

필자가 결론적으로 지적하고자 하는 점은
스티븐 호킹의 실재實在에 대한 인식의 문제이다.
이른바 〈위대한 설계〉라는 책에서 '우주에 관한 진실'을 주장한
호킹과 믈로디노프라는 사람이 표상적 실재론에서처럼,
객관적으로 실재하는 사람임이 틀림없다는 것을 직접적으로
인식할 수 없다면, 그들은 뭐 하러 힘들게 그런 책을 썼는지
그 이유가 궁금해진다는 것이다.

 스티븐 호킹은 '실재'를 인식함에 있어 '표상적 실재론'과 비슷한 이론을 수용하는 것으로 보이는데, 그는 어항 속 금붕어의 유추에 있어 그 정당성을 시각적 인식에만 의존하기 때문이다.
 예를 들어, 물컵 속의 지푸라기는 수면에서 구부러져 보인다. 하지만 전적으로 시각적 인식에만 의존하면 잘못될 수도 있다. 우리는 오감 외에 더 훌륭한 기능인 이성과 기억이 있으며, 종종 두 개 이상의 감

각이 결합되어 적용되기도 한다. 거기에 이성과 기억이 동시에 더해져, 직접적이고 정확한 인식이 이루어질 수 있도록 하고 있다. 정말 그런지 확인하기 위해 간단한 심리 실험을 하나 해보기로 하자.

 우리가 직선 철도 한가운데에 서 있다고 치자. 레일을 따라 시선을 저 멀리 이동하면, 두 레일이 점점 하나로 합쳐지다가 결국에는 더 이상 구분하기가 어려워진다. 그때 우리의 감각자료는 두 레인이 합쳐졌다고 인식한다. 머지않아 뒤쪽에서 열차 한 대가 달려오고, 옆으로 한 발짝 비켜서면 그 열차는 지나간다. 그 기차는 멀리 갈수록 우리의 눈에 작게 보이는데, 표상적 실재론에 의하면 이때 우리의 감각 자료는 끝없이 작아지는 기차를 인식하게 된다. 그러나 바로 그때 이성과 기억이 작동한다. 이성은 우리에게, 기차는 단지 이동하는 것만으로 크기가 줄어들지 않는다고 말해주며, 기차를 탔던 기억은 기차가 앞으로 나아간다고 해서 크기가 줄어들지 않는다는 사실을 상기시켜준다. 이제 우리는 기차가 멀어질수록 우리 눈에 점점 작게 인식되더라도 실재하는 그 기차의 크기는 우리 바로 옆을 지나칠 때와 다르지 않다는 사실을 인지하게 된다. 이 말은 곧 두 레일이 합쳐져 보이는, 우리의 감각자료에서는 합쳐져 있는 지점에 이르러도 두 레인의 폭은 여전히 우리가 알고 있는 그 폭일 것이라는 사실을 안다는 의미이다. 그리고 이 모든 과정은 우리의 머릿속에서 동시에 일어난다. 최초의 시각적 인식은 철도의 두 레인이 먼 곳에서 합쳐진다고 알려준다. 그리고 현재의 시각적 감각은 기차가 철도의 두 레인이 합쳐지는 지점에 다다를 때 무슨 일이 일어나는지 보여준다. 즉, 우리 뒤에서 달려온 기차는 멈추지 않고 계속 달려간다. 이와 동시에 이성은 철도의 두 레인이 결코 하나로 합쳐질 수 없다는 것과, 간격도 일정하다는 사실을 분명하게 인식한다. 달리 말하면, 표상적 실재론이 제시하는 것처럼 반드시 시각 감각이 이성에 따라 추후에 유효한 개념으로 변환되는 주관적 감각자료를 만들어내는 것은 아니다. 박식한 사람은 시각 감각과 더불어 이성과 기억을 사용해 객관적 실재를 정확하게 인식한다.

표상적 실재론에 대해 영국의 철학자이자 옥스퍼드 대 미학 교수인 로저 스크루턴은 <근대 철학>이라는 저서에 다음과 같은 글을 남겼다.

"이 이론은 우리가 물리적 대상을 인식할 때, 이를테면 대상물을 나타내는 생각이나 형상으로만 감지한다고 말하는 것 같다. 하지만 그 생각이나 형상은 어떻게 인식하는 것일까? 거기에는 분명히 그 생각을 의식으로 나타내기 위한 또 다른 생각이 필요해진다. …표상이라는 것은 이미 자신 안에 새겨져self-intimating 쉽게 고칠 수도 없는, 일종의 의식화된 심상이기 때문이다. 하지만 그런 경우에 왜 인식한다는 표현을 쓸까? 인식perception이란 어떤 대상의 겉으로 드러난 특징을 알아내는 방법이다. 따라서 인식하는 것과 인식되는 것 사이에는 차이가 있으며, 그 차이 때문에 오류의 가능성이 생긴다. 오류의 가능성을 부정하는 것은 그 차이를 부정하는 것이다. 심적 표상은 나의 일부이기 때문에 절대 인식되지 않는다. 다른 말로 표현하자면 심적 표상은 바로 인식 그 자체이다. 이 경우 직접 인식과 간접 인식의 비교는 무의미해진다. 우리는 물리적 대상물을 인식할 때 직접적으로 인식한다. 그리고 그때 우리는 물리적 대상물에 대한 표상적 경험을 하게 된다."

스크루턴의 이 주장을 달리 말하면, 우리의 인식과

외부의 대상물 사이에는 감각자료로 일컬어지는 제3자, 중간 매개 또는 반半독립적인 존재가 있을 수 없다는 것이다. 감각 자료 또는 표상은 우리가 외부를 대상으로 인식한 것이다. 따라서 그 외부 대상물에 대한 인식은 직접 이루어진 것이다. 물론 직접 인식한 것에는 절대로 오류가 없다는 말은 아니다. 사실은 이렇다. 우리는 감각을 동원해 외부 대상물에 대한 정보를 획득할 때, 오감을 적절이 활용하여 정보를 입수하고, 그 정보를 정확히 해석하는 방법을 배운다.

다양한 상대주의를 옹호하는 사람들에게 나타나는 흥미로운 점은 그들은 진실과 인식이 기본적으로 상대적이라고 결론짓는다는 점이다. 물론, 자신들이 우리에게 열정적으로 인식시키려고 노력해온 주장만큼은 빼고 말이다. 그들은 스스로 주창해온 상대주의를 자신에게 만은 적용하지 않는다는 사실을 모른다.

필자가 결론적으로 지적하고자 하는 점은 스티븐 호킹의 실재實在에 대한 인식의 문제이다. 이른바 <위대한 설계>라는 책에서 '우주에 관한 진실'을 주장한 호킹과 믈로디노프라는 사람이 표상적 실재론에서처럼, 객관적으로 실재하는 사람임이 틀림없다는 것을 직접적으로 인식할 수 없다면, 그들은 뭐 하러 힘들게 그런 책을 썼는지 그 이유가 궁금해진다는 것이다.

Section 4

우주의 설계자는 도대체 누구란 말인가?

하나님의 본질과 스티븐 호킹의 논리 오류

과학에서의 합리성은 무엇을 의미하는가?

하나님의 존재에 관한 합리적 근거

기적과 자연법칙

맺는 말

하나님의 본질과
스티븐 호킹의 논리 오류

성공회 신부자자 철학자요 신학자인 오스틴 파러는 자신의 저서 〈하나님의 과학〉에서 이러한 쟁점이 무엇인지를 정확히 짚어준다.

"무신론자와 유신론자들 간의 쟁점은 '궁극적인 사실을 묻는 것이 말이 되느냐 안 되느냐' 가 아니다. 오히려 '궁극적인 사실은 무엇인가?' 라는 질문의 내용이다. 그 궁극적인 사실이 무신론자에게는 우주인 반면 유신론자들에게는 하나님이시다."

여기서 무신론자들이 생각하는 궁극적인 사실이 다중우주 또는 중력의 법칙이라고 조금 달리 말한다 해도 논점 자체는 달라지지 않는다. 만약 궁극적인 사실이 다중우주 또는 중력의 법칙이라면 '제트엔진의 작동 원리가 바로 제트엔진을 만든 원인이다' 라고 말하는 것과 같은, 또는 '꼬리가 개를 흔들 수 있다' 라고 말하는 것과 같은 논리 오류이다.

스티븐 호킹과 믈로디노프는 자신들의 저서 〈위대한 설계〉 마지막 장에서 '인류의 벅찬 질문'에 대해 다시 한 번 다룬다. 이 마지막 장을 시작하면서 두 저자는 '자연법칙은 우주가 어떻게 움직이는지는 말해주지만, 왜 무無가 아닌 유有가 존재하는가?, 우리 인간은 왜 존재하는가?, 왜 다른 어떤 것도 아닌 지금의 특정한 법칙들이어야 하는가? 하는 질문에는 답을 해주지는 않는다'라고 밝히고 있다.

여기까지는 좋다. 실제로 자연법칙은 인류의 벅찬 질문들에 대해 답해주지 못하기 때문이다. 그러나 이 책의 제2장에서 살펴보았듯이, 호킹과 믈로디노프는 그들의 결론에서 '자연법칙, 특히 중력의 법칙이 이 질문들에 답을 해준다'라고 해놓고 이제 와서는 말을 번복하고 있다.

이 점을 분명히 짚고 넘어가기 위해 그들의 결론을 다시 한 번 살펴보기로 하자. 그들은 이렇게 결론지었다.

"우주에는 중력의 법칙이 있기 때문에 우주는 무無에서 스스로를 창조할 수 있고, 창조할 것이다. …자연발생적 창조는 왜 무가 아닌 유가 존재하는지, 왜 우주가 존재하고 우리가 존재하는지에 대한 이유가 된다."

이는 분명한 사고의 오류이다. 호킹은 자신이 대답할 수 없다고 말한 바로 그 질문에 대해 중력의 법칙이라는 답을 제시했었다. 게다가 자신의 말 '자연발생적 창조'는 또 무슨 의미인가? 이는 마치 하나님을 역설적으로 설명할 때 자주 인용되는 표현인 '원인 없는 원인uncaused cause'처럼 들린다. 설령 '자연발생적 창조'라는 것이 있다고 하더라도, 그것이 존재 이유가 되는 경우는 극히 드물다. 그렇지 않은가? '無가 아닌 有가 존재하는 이유는 자연발생적 창조 때문이다'라는 주장에서 '왜?'에 대한 대답은 없다. 거기에는 목적에 대한 설명이 있어야 한다. 그런데 호킹의 주장은 마치 이런 식이다. '無가 아닌 有가 존재하는 것은 有가 존재하기 때문이며, 그 有는 자연발생적으로 생겨난다. 이러한 사실에는 그냥 그럴 수 있는 일이고, 그렇게 일어난다는 것 외에는 아무 이유도 원인도 없다.'

사람들이 이런 식의 주장에 설득되기란 어려운 일이다. 특히 이러한 주장에 앞서 언급했던 여러 가지 자기모순까지 더해진다면 누가 납득하겠는가? 그럼에도 불구하고, 만약 필자가 '그 질문들의 해답은 하나님이시다'라고 하면, 호킹은 다음과 같이 반격할 것이다.

"내가 우주를 창조한 이가 누구인지 혹은 무엇인지 묻는 것은 타당하다. 그러나 그 해답이 하나님이라고 말하는 것은 단지 질문을 '그럼 하나님을 창조한 존재는 누구인가?'로 바꿔놓는 것에 봉착할 뿐이다."

 그렇다면 위의 논리를 중력의 법칙에도 똑같이 적용해보겠다. 만일 그 해답이 '중력 법칙이라면, 이는 호킹 자신의 반격처럼 질문을 '그럼 중력을 창조한 존재는 누구인가?'로 바꿔놓는 것에 봉착할 뿐이다. 하지만 여기서 한 가지 짚고 넘어갈 것이 있다. 앞에서도 '호킹은 기독교의 하나님에 대해 제대로 알고 있지 못하다'는 것을 지적했는데, 반격을 위한 질문 즉 '그럼 누가 하나님을 창조했느냐'고 묻는 것은 논리상 하나님이 창조된 존재라는 것을 전제한다. 그러나 기독교인은 물론이고 유대교인, 회교도인 또한 하나님을 이렇게 보지 않는다. 하나님은 시작과 끝이 없으며, 실재의 극치이자 궁극적인 사실 ultimate fact이다. 따라서 하나님을 누가 창조했느냐고 묻는 것은 하나님의 본질을 모르는 무지의 소치일 뿐이다. [12]

---

[12] 필자는 이 주제를 〈하나님의 장의사〉에서 깊이 다루었다.

성공회 신부자자 철학자요 신학자인 오스틴 파러는 자신의 저서 <하나님의 과학>에서 이러한 쟁점이 무엇인지를 정확히 짚어준다.

"무신론자와 유신론자들 간의 쟁점은 '궁극적인 사실을 묻는 것이 말이 되느냐 안 되느냐'가 아니다. 오히려 '궁극적인 사실은 무엇인가?'라는 질문의 내용이다. 그 궁극적인 사실이 무신론자에게는 우주인 반면 유신론자들에게는 하나님이시다."

여기서 무신론자들이 생각하는 궁극적인 사실이 다중우주 또는 중력의 법칙이라고 조금 달리 말한다 해도 논점 자체는 달라지지 않는다. 만약 궁극적인 사실이 다중우주 또는 중력의 법칙이라면 '제트엔진의 작동 원리가 바로 제트엔진을 만든 원인이다'라고 말하는 것과 같은, 또는 '꼬리가 개를 흔들 수 있다'라고 말하는 것과 같은 논리 오류이다.

스티븐 호킹은 마지막 장의 대부분을 할애해서, 스스로의 실체를 생성할 수 있는 것으로 보이는 수학적 모형의 예를 다루었다. 이것은 영국의 수학자 존 콘웨이의 '라이프 게임 Game of Life 모형'이다.

콘웨이는 수많은 사각형으로 이루어진 격자 구조를

상상했는데, 사각형의 각 변은 모두 각 방향으로 무한정 확장될 수 있다. 각각의 사각형은 '생生'과 '사死' 중 하나의 상태에 있으며, 이 상태는 각각 초록색과 검은색으로 표시된다. 또한 각각의 사각형은 자신과 이웃하는 사각형이 여덟 개(위, 아래, 오른쪽, 왼쪽, 4개의 사선 방향) 있다. 이 게임에서 시간은 각각 별개로 흐른다. 임의로 선택한 '生'과 '死'의 사각형을 가지고 게임을 시작하며, 다음이 어떻게 될지 예측하는 세 가지 룰이 있다. 모든 것은 초기에 선택한 상태만으로 완전히 결정된다. 이렇게 생겨난 패턴 중에는 상태의 변화가 없는 단순한 것도 있지만, 여러 세대에 걸쳐 변화를 거듭하다가 나중에는 죽어 없어지는 패턴도 있다. 그러나 이런 패턴은 여러 세대를 거친 후 다시 초기 모습으로 돌아가 이 모든 과정을 무한정 되풀이한다. 예를 들어, 다섯 개의 '生' 사각형으로 이루어진 '글라이더 형' 패턴은 비록 대각선으로 한 칸씩 이동하기는 하지만, 다섯 가지 중간 형태를 거쳐 원래의 모습으로 회귀한다. 또한 복잡한 초기 형상에 따라 더 복잡한 형태를 띠는 패턴도 많다.

콘웨이가 상상한 세계(모든 방향으로 무한정 확장

된다고 가정한 것을 기억하자)를 컴퓨터로 모형화하면, 세대에서 세대로 이어질 때 어떤 형태를 띠는지 볼 수 있다. 예를 들어 '글라이더'는 사선을 따라 스크린을 천천히 가로지르는 형태이다.

단순한 법칙들로 구성된 이 세계는 수학자들에게 상당히 흥미로운 대상으로, '세포 오토마타(cellular automata=디지털컴퓨터에 대한 모델이며, 입력장치, 출력을 생성하는 기능, 임시 기억장소를 가지며, 제어장치를 갖는다)라는 중요한 이론의 발전에 큰 역할을 했다.

호킹의 지적대로, 콘웨이와 그의 제자들은 게임 룰에 따라 자기 복제를 하는 복잡한 초기 형상이 존재한다는 사실을 보여주었다. 이 중 일부는 컴퓨터로 할 수 있는 계산은 어떤 것이라도 가능한, 일명 '범용 튜링 머신Universal Turing Machine'이다. 이러한 콘웨이의 세계에서 生과 死의 사각형 형상들은 수조兆 개에 달하는 사각형으로 이루어진 아주 거대한 실재로 추정된다.

필자는 수학자이기 때문에 콘웨이의 연구에 흥미를 느낀다. 생동감 넘치는 그의 수학 강의를 들은 경험이 내 케임브리지 대학 생활의 하이라이트 중의 하나였다. 하지만 여기서 필자의 관심사는 호킹이 이와 같은 유추를 사용하는 의도이다. 콘웨이가 개발한 '라이프 게임'의 예시들은 아주 단순한 법칙의 집합으로도 생명체와 같은 복잡성을 이끌어낼 수 있다는 것을 보여준다. 이러한 특성을 띠는 법칙의 집합은 수없이 많을 것이다. 그렇다면 우리의 우주를 통제하는 기본적인 법칙은 무엇이 결정하는 것일까? 콘웨이의 우주에서는 우주의 법칙이 그때그때 상태를 고려해 시스템의 진화를 결정한다. 콘웨이의 세계에서 우리는 창조자이다. 우리는 게임을 시작할 때 대상과 그 위치를 구체적으로 정함으로써 우주의 초기 상태를 설정한다. 그런데 호킹은 이렇게 말했다.

"라이프 게임에서 '글라이더'가 객체라면, 물리적 우주에서 객체는 고립된 물질체이다."

이와 같이 이 부분에 이르러 호킹은 갑자기 라이프 게임에서 관심을 돌려버린다. 따라서 독자들은 호킹이 '라이프 게임'을 정확히 어떻게 적용하려고 끌어들인 것인지 어리둥절해진다. 다만 콘웨이의 세계에서 단순한 법칙 집합만으로 실물과 같은 복잡성이 만들어지듯이 우리 세계에서도 단순한 법칙의 집합이 스스로를 만들어낼 수 있다고 말하려고 한다는 것만큼은 독자들에게 전달되고 있다. 그러나 이 유추는 오히려 정반대의 의미를 시사하기도 한다. 우선 콘웨이의 세계에서 법칙들은 복잡한 자기 복제물을 만들어내지 못한다. 우리가 누누이 강조했듯이, 법칙 그 자체는 그 어떤 세계에서도 무엇을 창조하지 못한다. 그저 이미 존재하는 것이 어떤 법칙에 따라 움직이는 것을 설명해 줄 뿐이다. 콘웨이의 세계에서 고도로 복잡한 형태가 특정한 법칙에 따라 자기 복제를 하려면, 수학적으로 탁월한 지성의 소유자가 처음부터 시스템에 그런 환경을 설정해둬야 한다. 따라서 그 복제물은 無에서 창조된 것도, 우연히 만들어진 것도 아니다. 오로지 수학적 지성의 의지로 창조된 것이다. 이는 우주의 법칙에도 똑같이 적용된다. 게다가 콘웨이의 세계를 실행하려면, 정교한 컴퓨터 하드웨어와 함께 보조 소프트웨어, 고속의 알고리즘이 있어야 한다. 生과 死 세포는 화면에 모자이크 사각형으로 표현되고, 그 사각형의 움직임을 지배하는 법칙은 시스템이 프로그래밍으로 입력된다. 이 모든 작업에 엄청난 지적 활동과 정보가 투입되어야 한다는 것은 두말할 필요가 없다.

이처럼 스티븐 호킹은 '지성적 존재의 설계'라는 개념에 질색하면서도 자신의 논리를 전개하는 과정에서 그 개념을 인정하고 말았다. 아이러니하게도 '콘웨이의 세계에서 우리가 창조자다'라고 말함으로써 '지성적 존재의 설계'를 인정하는 셈이 되고 만 것이다.

과학에서의 합리성은 무엇을 의미하는가?

 스티븐 호킹이 이렇게 주장한 논리적 배경에는 뿌리 깊은 과학과 종교 사이의 갈등이 자리 잡고 있는데, 그렇다고 불화 수준까지는 아니다. 기독교 신자인 필자는 과학법칙이 지닌 오묘함 때문에 오히려 지성적이며 존귀하신 하나님에 대한 믿음을 더욱 굳건히 하게 되었다. 그렇기에 과학에 대한 이해가 깊어질수록 하나님에 대한 믿음 또한 더욱 깊어진다. 그분의 넓디넓은 창조의 폭, 정교함, 그리고 완전무결함 등등 모두 탄복하지 않을 수 없다.

 사실 16세기와 17세기에 갈릴레오, 케플러, 뉴턴 같은 천재들의 주도하에 과학이 그토록 역동적으로 발전할 수 있었던 것은 자연법칙에는 창조주의 영향력이 투영되어 있다는 깊은 믿음 덕분이었다. 기독교 사상의 근본은 우리의 우주가 합리적이며 지성적인 설계에 따라 창조되었다는 믿음에 기반을 두고 있다. 따라서 하나님에 대한 믿음은 과학의 길을 방해하기는커녕 오히려 그 원동력이 된다.

과학이 주로 '합리적 활동'이라는 사실을 고려할 때, 호킹의 사고에는 또 다른 결함이 있다.

 영국의 분자생물학자 프랜시스 크릭은 자신의 저서 <놀라운 가설: 영혼에 대한 과학적 탐구>에서 '우리 인간의 기쁨과 슬픔, 그리고 추억과 야망과 자기 정체성과 자유의지는 수없이 많은 신경세포와 그 연관된 분자들의 집합체에 지나지 않는다'라고 말했다. 호킹 역시 크릭처럼 '우리 인간은 단순히 자연의 기초입자의 집합체에 불과하다'라고 말한 바 있다. 그러면서 그는 우리가 자신의 말을 믿어주기를 바란다.

 그렇다면 우리는 사랑과 두려움과 기쁨과 슬픔 이런 것들을 어떻게 설명해야 할까? 이런 것들은 과연 그저 의미 없는 신경 반응 패턴에 불과한 것일까? 또 아름다움과 진리는 어떻게 생각해야 하는가? 렘브란트의 그림은 단순히 페인트 입자가 캔버스 위에 흩뿌려진 것에 지나지 않은 것일까?

 호킹과 크릭은 그렇게 생각할지 모른다. 그러나 다른 사람들은 이를 두고, 과연 무슨 근거와 방법으로 그것을 단정할 수 있는지 의아해할 것이다. 결국 진리의 개념이 '그저 거대한 신경세포 집합체의 작용에서 나온 것'이라면, 과학은 우리의 두뇌가 단지 신경세포로만 이루어져 있다는 것을 입증시켜야만 한다. 호킹의 이러한 주장은 소위 '다윈의 의심Darwin's Doubt'으로 알려진 다음과 같은 말을 떠올리게 한다.

"나는 하등동물의 마음에서 인간의 정신으로 발전했다는 믿음이 가치가 있는 것인지, 또는 정녕 믿을 수 있는 것인지 의문을 떨쳐버릴 수가 없다."

극단적 환원주의還元主義,[13] 즉 복잡하고 추상적인 사상事象이나 개념을 단일 레벨의 더 기본적인 요소로부터 설명하려는 입장에 대한 강력한 비판은 '그것은 자살 행위에 지나지 않는다'라는 것이다.

이론물리학자 존 폴킹혼은 다음과 같이 말했다.

"그것은 자살 행위이다. 크릭의 가설이 정말로 사실이라면, 인간은 인간의 정신행위가 사실이라는 것을 확인할 길이 전혀 없어진다. 그의 주장은 미美, 도덕적 의무, 종교적 조우遭遇를 부수현상적인 쓰레기더미로 취급할 뿐 아니라, 합리성 또한 말살하는 짓이다. 저들에게 인간의 사고란 것은 전기화학적 신호가 신경에 자극을 주어 일어나는 사건들에 불과하

---

[13] 어떤 실체는 그보다 더 간단한 기본적인 실체로 이루어져 있다고 전제하고 전자에 관한 설명을 좀 더 기본적인 후자의 설명으로 대치하려는 사고의 형태.

며, 이러한 사건들은 합리성 면에서 서로 충돌하지 않는다. 또한 옳은 것도 그른 것도 아니다. 그냥 일어날 뿐이다. …결국 환원주의자들의 주장이라는 것도 단순히 자신의 머릿속에서 일어나는 신경의 깜빡임일 뿐이다. 합리적 토론장이 터무니없는 신경접합부의 드잡이의 장場으로 돌변하는 순간이다. 좀 더 솔직히 말하면, 말도 안 되는 헛소리이고 누구도 믿지 않는 쓸데없는 이야기일 뿐이다."

정확한 지적이다. 비합리에서 합리를 찾으려는 시도는 아무리 정교해 보여도 모두 명백한 자기모순일 뿐이다. 이런 시도들은 그 속을 면면이 들여다보면, 이 책 1장에서 언급했던 '자기 구두끈으로 자신을 끌어 올리려는 상황'과 무서울 정도로 일치한다.

결국, 호킹과 크릭이 '인간의 정신에서 나온 어떤 주장은 그것이 어떤 것이든 믿을 이유가 전혀 없다. 환원주의가 사실이라는 것 외에는…'이라고 말할 수 있는 것도 인간의 정신을 사용한 덕분인 것이다. 합리적으로 사고하는 능력이 바로 지시봉 역할을 할 수 있는 것이다. 우연이나 필요 따위의 하급 원인을 가리키는 것이 아니라 합리적 사고 능력의 원천을 찾는 것과 같은 상급 원인을 가리키는 지시봉 말이다.

 우리는 지금 정보화 시대에 살고 있고, 언어로 이루어진 정보는 지적 능력과 밀접하게 연관되어 있다. 일례로 우리는 누군가가 모래 위에 써놓은 우리의 이름을 스펠링 단 몇 자만 보아도 금방 알아볼 수 있고, 그것은 우리의 지적 능력을 나타낸다. 하물며 인간의 DNA(이것은 최소 35억 개에 이르는 철자letter로 된 세상에서 가장 긴 단어word이다)를 만드신 창조주의 능력은 어떠하겠는가?

하나님의 존재에 관한 합리적 근거

> 우주과학에서도 상황은 마찬가지이다. 우리는 먼저 가설을 세운다. 빅뱅이 있었다고 가정하고 이를 가설A라고 부르자. 그런 후에는 A가 있었다면 우리가 지금 무엇을 발견하기를 기대할 수 있는지 질문을 던져본다. 어떤 이는 B를 발견하기를 희망한다. 그러면 과학자는 열심히 연구하여 B를 찾아낸다. 이것이 무엇을 증명할까? 물론 그것이 A라는 가설과 일치한다 하더라도 위에서 말한 귀납법과 같은 정확성으로 A라는 현상이 벌어졌다고 증명하지는 못한다. A와는 현저한 차이가 있지만 B를 관찰한 결과와 일치하는 또 다른 가설 A'이 있을 수 있기 때문이다. 실제로 이런 또 다른 가설은 얼마든지 존재할 수 있다. 그래서 푸아로의 원칙은 우주과학에서도 통한다.

하나님의 존재에 대한 합리적 근거는 과학적 영역 안에서만 찾을 수 있는 것은 아니다. 많은 사람들이 생각하는 것처럼 과학이 곧 합리성을 의미하지는 않기 때문이다. 일예로, 우리는 인간이 옳고 그름을 분별할 줄 아는 도덕적 존재라는 사실을 알고 있다. 과학 제일주의자들을 제외한 모든 사람들이 인정하듯이, 이러한 도덕원리는 과학적 경로를 통해서 얻어지는 것이 아니다. 물리학은 인간에게 남을 배려하라고 감화시키는 학문이 아니며, 또한 역사 이후 인류사회에 존재해온 이타적 정신을 해명해줄 수도 없다. 그렇다고 윤리학이 비논리적이라고 말할 수 있는가?

한 치의 오차도 없는 자연 상수와 합리적으로 이해되는 자연의 모습이 우리와는 차원이 다른 어떤 초超지성이 존재함을 알려주듯이, 동서고금을 통해 모든 인류가 공유하는 도덕 가치의 존재는 초超도덕적 존재가 있음을 알려준다.

역사학 또한 아주 중요한 합리적 학문이다. 사실 역사가들의 연구 방법이 과학에서 아주 유용하게 사용된다는 사실을 모르는 사람이 많다. 지금까지 우리는 물리법칙으로 어떻게 우주가 움직이는지 살펴보았고, 물리법칙이 종종 귀납적 방법을 통해 정립된다는 사실도 알고 있다. 즉 동일한 조건에서 반복적인 관찰과 실험을 했을 때, 매번 동일한 결과가 나오면 우리는 귀납적 추리에 따라 진정한 법칙을 얻었다고 확신한다. 이를테면 우리는 행성이 태양을 중심으로 궤도를 따라 선회하는 것을 반복적으로 관찰할 수 있고, 이에 따라 케플러의 '행성운동법칙'이 사실임을 인정한다. 하지만 우주과학에서는 우리가 반복적으로 관찰할 수 없는 것들이 많다. 그 대표적인 예가 우주가 시작된 기원이다. 성공회 신부이자 신학자인 알리스터 맥그라스는 그의 저서<과학 신학>에서 이렇게 말했다.

"우리는 빅뱅이 일어나는 것을 볼 수 없으므로, 빅뱅 이론이 반복된 실험을 통해 정립된 것이라고 말할 수 없다. 바로 이럴 때 사용하는 것이 역사학적 기법이다. 우리는 이른바 최선의 설명을 위한 추론, 즉 '귀추법'이라는 기법을 사용한다."

귀추법은 탐정소설에 빠지지 않고 나오는 기법이라서 우리에게 제법 익숙한 기법이다.

"A가 살해된다. B에게는 동기가 있다. B는 A의 죽음으로 득을 본다. 그렇다면 B가 A를 죽였을까? 그럴지도 모른다. 그런데 A가 살해된 날 C가 A와 격렬히 다투었다는 것이 밝혀진다. 그렇다면 C가 A를 죽였을까? 이 또한 그럴 수도 있다. 그런데 그때…"

이처럼 에르퀼 푸아로 탐정(애거사 크리스티가 만

든 대표적 탐정)은 소설이 끝날 때까지 범인이 누구인지 도무지 종잡을 수 없게 한다. 이와 같이 하나의 관찰 결과를 두고 여러 가지 가설이 존재하는 상황을 '푸아로의 원칙Poirot Principle'이라고 이름 붙여보자. 푸아로의 원칙의 핵심은 누가 A를 죽였는지 밝히기 위해 범행 순간을 재현하는 일이 불가능하다는 것이다. 따라서 이 방법도 거듭된 실험을 통한 방식과 같은 정도의 정확성을 기대하기는 어렵다. 바로 이 점 때문에 우리는 푸아로 소설에 빠져드는 것이다.

우주과학에서도 상황은 마찬가지이다. 우리는 먼저 가설을 세운다. 빅뱅이 있었다고 가정하고 이를 가설 A라고 부르자. 그런 후에는 A가 있었다면 우리가 지금 무엇을 발견하기를 기대할 수 있는지 질문을 던져본다. 어떤 이는 B를 발견하기를 희망한다. 그러면 과학자는 열심히 연구하여 B를 찾아낸다. 이것이 무엇을 증명할까? 물론 그것이 A라는 가설과 일치한다 하더라도 위에서 말한 귀납법과 같은 정확성으로 A라는 현상이 벌어졌다고 증명하지는 못한다. A와는 현저한 차이가 있지만, B를 관찰한 결과와 일치하는 또 다른 가설 A^1이 있을 수 있기 때문이다. 실제로 이런 또 다른 가설은 얼마든지 존재할 수 있다. 그래서 푸아로의 원칙은 우주과학에서도 통한다.

그렇기 때문에 '최선의 설명을 위한 추론', 즉 '귀추법'은 귀납적 추론만큼의 힘을 발휘하지 못한다. 스티븐 호킹의 M이론은 그러한 귀추법에 의존한다. 그러나 케플러의 행성운동법칙은 그렇지 않다.

과학에서는 귀납법과 귀추법이 모두 사용되기 때문에 후자가 전자와 같은 힘을 발휘하게 될 위험성이 있다. 그럼에도 '최선의 설명을 위한 추론'은 우주와 생명체의 기원 등 재현될 수 없는 과거의 사건들을 다루는 과학의 파생 분야에서 상당히 중요한 역할을 한다.

이런 맥락에서 역사학에 혹시 하나님의 존재에 관한 근거가 있는지 알아보는 것은 너무나 적절한 일이다. 결국 우주와 인간의 삶에 궁극적인 책임을 지는 하나님이 계시다면, 그분이 자신을 드러낸다고 해도 그리 놀랄만한 일은 아닐 것이다. 필자가 하나님을 믿는 주요 이유 중 한 가지는 역사 기록 중에도 그분이 나타나셨다는 증거가 있기 때문이다. 그 증거는 예수 그리스도의 삶과 그분이 이루어내신 기적을 바탕으로 한 것이요, 특히 사망권세[14]를 극복하고 부활하신 것에 주목한 것이다. 이 모든 것은 역사적 사실 즉, 여러 차례 그 진실성이 입증된 성경에 잘 증명되어 있다. 또한 성경 외에도 풍부한 고고학적 자료가 역사적 사실임을 확인해준다. 이처럼 필자의 하나님에 대한 믿음은 과학적 자료뿐만 아니라 역사적 사실로도 밑받침되며, 그 증거 중에서도 으뜸 되는 증거는 예수 그리스도의 부활이다.

우리는 다시 한 번 '예수의 부활'이라는 문제를 다뤄보자. 2장에서 언급한 데이비드 흄의 관점, 즉 자연법칙의 조건으로 비추어볼 때 예수님의 부활을 믿을 수 있으려면, 이를 뒷받침할만한 강력한 증거가 있어야 한다. 호킹은 바로 이러한 관점을 근거로 예수의 부활은 과학의 기본 원칙에 위배된다고 반박할 것이다. 다시 말해, 자연법칙은 보편적인 것으로 기적이나 예외가 있을 수 없다고 주장할 것이다. 하지만 이제껏 살펴본 것처럼 호킹은 '재현되지 않는 과거의 사건'에 대해 '최선의 설명을 위한 추론'을 사용할 만반의 준비가 되어있는 사람이었다. 그러면서

(14) 인간의 필연적인 죽음을 일컫는 기독교 용어

부활은 무조건 불가능한 일이라는 가정 하에 귀추법을 적용한다.

 스티븐 호킹은 이 주제를 다룰 때, 프랑스의 수학자 라플라스로부터 시작된 자칭 '과학 결정론'에 대한 확신을 토대로 한다. 그는 '어느 한 시점의 우주 상태를 고려해볼 때, 완전한 법칙들의 집합이 우주의 미래와 과거를 결정한다는 것을 알 수 있다. 이렇게 되면 기적이나 하나님의 적극적인 역할의 가능성은 배제된다'라고 말했다. 호킹은 과학 결정론에 근거하여 생물학을 물리학과 화학으로 바꿔 말하며 다음과 같이 언급한다.

"인간의 행동을 단지 물리법칙으로만 이해하려고 하면 인간의 자유의지가 어떻게 작동하는지 파악하기가 어려워지고, 인간을 생물학적 기계로 보고 자유의지는 환상에 불과한 것이라고 이해하면 보다 쉬워진다."

 그러면서 호킹은 '인간의 행동이 너무 복잡해서 예측 불가능하고, 사람에게 자유의지가 있다고 생각하는 것은 사실상 관행이다'라고 주장한다. 모순이 아닐 수 없다. 스티븐 호킹은 이렇게 말했다.

"이 책이 근거로 삼고 있는 과학 결정론의 의미는

자연법칙에는 기적도 예외도 없다는 것이다."

 그러나 그 결정론이야말로 환상이 아닐까? 호킹은 결정론의 의미를 너무도 단순하게 정의한다. 그러면서도 인간의 행동을 예측하는 것이 실제로 어렵다는 말을 하기 위해 또다시 라플라스를 연상시키는 다음과 같은 말을 한다.

 "…그러려면 인간의 몸에 존재하는 셀 수 없이 많은 분자 각각의 초기 상태에 대한 지식이 필요하며, 그 방정식을 풀어야 한다."

 이 말은 언뜻 현대 양자이론 전문가의 입에서 나온 외계어처럼 들린다. 양자이론의 기본 개념 중 하나가 하이젠베르크의 '불확정성 원리'인데, 이는 전자電子의 정확한 위치와 운동량을 동시에 측정할 수 없다는 내용이다. 이 원리는 라플라스의 결정론적 이상을 실현해볼 가능성을, 아니 이론 자체를 무력화하는 이론이다.

 그런데 호킹은 불확실성의 원리도 염두에 둔 것으로 보인다. 그는 후반부의 한 장章에서 '불확정성의 원리가 미립자particle의 위치와 속도 같은 특정 데이터를 동시에 측정하는 데 한계가 있다는 사실을 알려준다'라고 말한다. 그리고 곧이어 자신이 주장한

본래의 과학 결정론을 수정한다.
 양자물리학은 자연이 법칙에 따라 움직인다는 생각을 약화시키는 것처럼 보이지만, 그렇지 않다. 그보다는 새로운 유형의 결정론을 받아들이게끔 한다. 이 결정론은 어떤 시점의 시스템 상태를 고려해볼 때, 자연법칙은 미래와 과거에 무슨 일이 발생할 가능성을 단정한다기보다 다양한 미래와 과거가 생길 수도 있다는 가능성을 상상하게 한다는 이론이다.

 이제 스티븐 호킹이 주창하던 '절대적 결정론'은 심각할 정도로 희석되고 말았다. 모두 호킹 스스로 저지른 인과因果이다. 호킹은 이 '수정된 결정론'이 인간에게 자유의지가 있다는 것을 어떻게 부정할 수 있는지와 기적이 발생할 가능성을 어떻게 부인할 수 있는지, 심지어는 정말 부인할 수 있다고 확신하는지를 말해주지 않는다.
 그렇다면, 결정론의 의미에 대해 또 다른 물리학자 존 폴킹혼의 말을 들어보자. 그는 자신의 저서 <과학과 신학>에서 이렇게 말했다.
 "많은 사상가의 의견에 따르면, 인간의 자유는 인간의 합리성과 밀접한 관련이 있다고 한다. 그런데 우리가 '결정지어진 수동적인 존재'라면 우리가 하는 말을 합리적인 담론이라고 어떻게 입증할 수 있을까? 그저 입에서 나온 소리, 아니면 종이 위에 쓴 표시, 아니면 자동기계의 단순한 작동?… 결정론의 찬성론자들은 사회·경제학자인 마르크스든, 성 심리학자인 프로이트든, 유전학자인 도킨스든 모두 하나같이 자신들이 환원주의를 부인한 과오 말고는, 자신들의 애매모호한 모든 주장을 지지해줄 수 있고 또 자신들이 난처한 처지에서 빠져나갈 구실이 될 무언가가 필요할 뿐이다."

그렇기 때문에 스티븐 호킹은 존 폴킹혼이 위에서 언급한 결정론의 찬성자들의 리스트에 추가될 한 사람으로 보일 뿐이다.

기적과 자연법칙

> 기독교인들과 스티븐 호킹 간의 주요한 관점의 차이는 기독교인들은 우주가 원인과 결과의 폐쇄된 관계로 만들어진 것이 아니라고 생각하는 데에 있다. 즉 기독교인들은 창조주 하나님이 때때로 우주에 개입함으로써 인간이 인지하는 자연법칙이나 인과因果를 뛰어넘는다고 믿는다는 사실이다. 수많은 학자들과 책들이 '기적이란 예외적으로 일어나는 일'로 정의한다. 기적의 속성은 곧 특이성이다. 그런 맥락에서 호킹은 '자연은 절대적으로 일관된 것'이라는 입장에 함몰되어 있는 듯 하다. 즉, 자연법칙에는 예외가 없다고 믿는다. 그러나 기독교인들은 자연법칙이 기적을 불가능하게 할 수 없다는 사실을 잘 알고 있다.

스티븐 호킹의 주장에 따르면 자연법칙은 절대적인 현상이다. 자연법칙은 모든 것을 결정하고 예외를 두지 않는다. 따라서 기적은 결단코 일어날 수 없다. 호킹은 이렇게 썼다.

"자연법칙은 어느 곳에서나, 그리고 어느 때나 동일

해야 한다. 그렇지 않다면 그것은 법칙이라고 말할 수 없다. 예외나 기적은 설 자리가 없다. 신이든 악마든 법칙에 의한 우주의 운행을 방해하지 못한다."

사정이 이렇다 보니, 우리는 또다시 서로 배타적인 두 가지 대안 가운데 하나만을 선택해야 하는 궁지에 몰렸다. 기적을 믿든지 아니면 자연법칙에 관한 과학적 해석을 믿든지 양자택일을 해야 할 판이다.

놀랄 것도 없이, 영국의 동물행동학자이자 진화생물학자이자인 리처드 도킨스 역시 특유의 설득력으로 동일한 주장을 했다. 그는 〈하나님에 관한 착각〉에서 이렇게 말했다.

"19세기까지는 지식인들마저도 동정녀 마리아가 예수님을 출산했다는 등의 기적을 그다지 주저하지 않고 받아들였다. 오늘날 신실한 식자층 기독교인들 또한 동정녀 잉태나 예수님의 부활을 부인하지 못한다. 하지만 그들은 스스로 생물학적으로나 논리적으로는 그런 기적이 말도 안 된다는 것을 알기 때문에, 낭혹스러울 수밖에 없고 차라리 그런 질문을 받지 않기를 바란다."

허나 호킹이나 도킨스가 말하는 것처럼 그렇게 문제가 단순한 것이 아니다. 그들과 다른 생각을 하는 학자 중에는 저명하고도 뛰어난 지성을 자랑하는 과학자들이 무수히 많기 때문이다. 대표적인 인물로는 1998년도 노벨물리학상 수상자인 윌리엄 필립스 교수, 그리고 케임브리지대학의 양자물리학 교수이자 왕립학회회원인 존 폴킹혼, 전 영국 기상청 장이자 국가간 기후변화 패널장인 존 휴턴 경, 현 국립보건원장이자 전 인간게놈연구소장인 프랜시스 콜린스 등이 있다. 이들은 기적에 관한 이러한 논쟁을 잘 알고 있다. 그럼에도 초자연적인 것에 대한 믿음, 특히 예수님의 부활을 믿고 있음을 부끄러워하거나 전혀 이상하게 생각하지 않고, 오히려 그것을 공개적으로 밝힌다. 그들은 필자와 마찬가지로 예수님의 부활이 기독교적 세계관의 진실을 보여주는 최고의 증거라고 생각한다. 이 중 한 명인 프랜시스 콜린스는 기적에 대해 우리에게 다음과 같은 유의할 만한 경고를 던진다.

"기적일 가능성이 있는 사건을 해석할 때, 그 종교적 신뢰성과 합리성이 도마 위에 오르지 않도록 균형감 있는 의구심을 품는 일은 아주 중요하다. 골수 물질주의보다 더 빠르게 기적이 일어날 수 있다는 가능성을 부정하지 않는 손쉬운 방법은, 흔히 있을 수 있는 일상적 사건을 두고 기적과 같은 일이라고 생각하는 것이다. 즉 형이하학에서 벗어나 기적을 체험할 수 있는 가장 손쉬운 방법은 일상적 사건이 모두 기적임을 볼 줄 아는 혜안을 가지는 것이다."

이런 이유에서 필자는 최대한 쟁점에만 집중할 수 있도록 예수님의 부활이라는 주제에 초점을 맞추겠다. 기독교 신앙의 출발점이 바로 '예수님의 부활'이라는 기적이고, 그 기적이 기독교의 핵심 사상이다. 실제로 예수님의 사도로 선택되기 위한 기본 요건이 부활을 눈으로 목격했느냐 하는 것이다.[15]

C. S. 루이스는 다음과 같이 말했다.

"기독교도의 역사에서 첫 번째 사실fact은 수많은 사람이 예수님의 부활을 목격했다는 것이다. 만약 이들이 이 부활의 사실(복음)을 다른 사람들에게 전하지 않고 그냥 죽었다면, 그 어떤 복음도 기록되지 않았을 것이다."

초기 기독교인들은 부활 없이는 기독교의 어떤 메시지도 없다고 말한다. 사도 바울은 다음과 같은 기록을 남겼다.

"그리스도께서 만일 다시 살아나지 못하셨으면 우

[15] 사도행전 1장 22절

리가 전파하는 것도 헛것이요, 또 너희 믿음도 헛것이며…" (16)

이제 현대 과학의 관점과 자연법칙에 대해 논해 보자. 과학법칙이 원인과 결과를 규명할 수 있게 되자, 요즘 과학자들은 과학이 단순히 과거에 이루어진 일들을 설명하기만 한다고 여기지 않는다. 양자물리학을 동원하지 않더라도 이런 법칙들은 미래에 일어날 일들을 아주 정확하게 예측해낸다. 예를 들어 통신위성의 궤도를 정확하게 예측할 수 있고, 달과 화성 착륙도 가능하다. 그렇다 보니 많은 과학자가 우주가 원인과 결과로 된 폐쇄된 체계라고 믿는다. 좁은 안목이다.

그들의 관점에서 보면, 어떤 신(神)적인 존재가 자연법칙에 개입해서 이를 바꾸거나 중지시키거나 되돌리거나 심지어는 위반까지 할 수 있다는 생각에 분개하는 과학자들이 있다는 사실도 이해가 된다. 기실 신의 존재는 자연법칙의 불변성과 대치되는 것이고, 따라서 우주에 대한 과학적 해석을 뿌리째 흔드는 것이기 때문이다.

---

(16) 고린도전서 15장 14절

그 결과 무신론의 과학자들은 기적에 대해 다음과 같은 두 가지 주장을 하게 된다.

 첫째, 일반적으로 기적, 특히 신약성서에 나오는 기적에 대한 믿음은 사람들이 자연법칙에 무지하고 그런 이유로 기적적인 이야기를 쉽게 받아들였던 비과학적인 원시문화에서 생겨났다는 것이다.

 그러나 먼저 이 첫번째 질문에 답해보면, 이런 설명을 예수님의 부활과 같은 신약성서 속의 기적들에 적용해보면 그 설명의 타당성은 금세 사라지고 만다. 잠시만 생각해보면, 어떤 사건을 기적으로 인식하기 위해서는 그 사건이 분명히 예외라는 것을 보여주는 규칙성이 존재해야 한다는 사실을 알 수 있다. 무엇인 정상인지 모르면 무엇이 비정상인지도 판명할 수 없다. 신약성서가 기술되던 당시에도 이것을 잘 알고 있었다. 재미있는 것은 당시 의학을 공부한 의사였던 누가복음의 저자 누가도 바로 이런 현상을 지적했다는 점이다. 기독교의 발흥에 대한 설명에서 누가는 '예수 그리스도의 부활이라는 메시지에 처음으로 반론을 제기한 사람들은 무신론자가 아니라 유대교의 대제사장들이었다는 사실'을 알려준다. 그들은 사두개파(유대교 가운데 적은 수의 특권층으로 바리새파의 엄격한 율법주의를 반대한 현실주의적인 교파)의 고위 성직자들이었다. 그들은 하나님을 믿었다. 그리고 성전에서 기도를 드리고 예배를 주관했다. 그렇다고 그들이 예수님이 부활했다는 소식을 처음 들었을 때 그 사실을 믿었다는 것은 아니다. 오히려 그들은 예수님의 부활을 믿지 않았다. 그들의 세계관이 예수 그리스도는 고사하고, 그 어떤 존재든 육체가 부활할 수 있다는 가능성에는 문을 닫아걸었기 때문이다. 그들은 예수님의 불활보다는 당시에 널리 퍼져 있던 신념을 공유하고 있었다. 역사학자 톰 라이트는 다음과 같이 말한다.

"오늘날 과학자들은, 현대과학이 부상하기 전에는 사람들이 부활과 같은 이상한 일들을 믿었지만, 지금은 200년 동안의 과학연구를 토대로 죽은 사람이 절대 다시 살아나지 못한다는 사실을 너무나 잘 알고 있다고 주장한다. 정말 웃긴 이야기가 아닐 수 없다. 현대과학이 부상하기 전인 옛날에도 그런 것에 관한 증거나 결론은 지금처럼 아주 방대했었다. 고대의 토속신앙에도 여러 종류의 세계관이 다 담겨져 있었지만, 부활이라는 말이 나오기만 하면 그 대답은 항상 단호한 부정이었다. 즉, 옛날 사람들도 그런 일이 절대 생기지 않는다는 것을 잘 알고 있다고 주장했다."

그래서 기독교가 비과학적이고 생각 없이 신을 믿는, 그리고 또 무지한 사람이 많았던 세상에서 탄생했다고 가정한다면, 그것은 사실을 정확히 인지하지 못한 것에 지나지 않는다. 고대 사람들도 죽은 사람이 살아 일어나 무덤 밖으로 나올 수 없다는 자연법칙은 우리만큼 잘 알고 있었다.

하지만 기독교는 순전히 한 남자가 정말로 죽음을 박차고 일어났다는 확실한 증거 덕분에 시작된 것이라는 사실을 알아야 한다.

기적에 대한 두 번째 반대 주장은 지금 알고 있는 자연법칙에서는 기적이 불가능하다는 것이다. 이것이 호킹의 입장이다. 그러나 여기에 대해서 C. S. 루이스가 다음과 같은 유추로 지적하듯이 더 큰 오류가 있다.

"만일 이번 주에 내가 책상 서랍에 1천 파운드를 넣어둔 후, 그다음 주에는 2천 파운드를 집어넣고, 또 그다음 주에 1천 파운드를 추가로 집어넣었다고 가정하면, 산수 법칙은 내가 그다음 주에 다시 와서 서랍을 열어보면 서랍 속에 4천 파운드가 있을 것이라고 일러준다. 그런데 내가 그 주에 서랍을 열어보았더니 겨우 1천 파운드밖에 없었다고 가정하면, 이때 뭐라고 결론을 내릴 수 있을까? 이것은 산수 법칙을 위반한 것일까? 그러나 단연코 그렇지 않다. 아마 그보다는 더 타당성이 있는 결론, 즉 도둑이 서랍에서 3천 파운드를 훔쳐갔을 것이라고 추측할 것이다. 만일 산수 법칙이 그 같은 도둑의 존재를 불가능하게 한다거나 그런 개입이 있을 것이라는 예상을 불가능하게 한다고 주장하면, 이는 말도 안 되는 일이다. 오히려 반대로 산수 법칙을 위반한 것이 아니라고 생각할 때 비로소 도둑이 들 수도 있고, 그가 훔쳐갔을 수도 있다는 판단을 할 것이다."

이와 같은 유추는 과학에서 사용하는 '법칙law'이라는 말은 누군가의 행동을 제한하는 사법적 의미의 '법law'과는 다르다는 점을 알려준다. 위의 사례에서 산수 법칙이 도둑의 행동을 제한하거나 도둑에게 압박감을 주었다고 주장한다면 누구든 말도 안 되는 일이라고 반박할 것이다.

뉴턴의 중력 법칙은 내가 사과를 떨어뜨리면 그것

이 지구의 중심 방향으로 떨어진다는 것을 알려준다. 하지만 그 법칙이 있다고 해서 사과가 떨어질 때 누군가가 손을 뻗어서 사과를 잡는 것이 불가능해지는 것은 아니다. 다른 말로 하면, 실험이 이루어질 때 그 조건에 변화가 없어야만 법칙을 통해서 앞으로 일어날 일을 예측할 수 있다는 뜻이다. 따라서 유신론에서 보면, 자연법칙은 하나님이 개입하지 않을 때에만 앞으로 무슨 일이 일어날지 예측해준다. 설사 창조주가 자신의 창조과정에 개입할지라도 그것이 도둑의 행위와 같은 것은 아니라는 사실은 말할 필요도 없다. 자연법칙이 있기 때문에 하나님의 존재나 그분의 개입 가능성이 없다는 주장은 허위에 불과하다. 이는 마치 제트엔진의 법칙이 있으니, 그 엔진의 설계자가 중간에 팬fan을 제거하는 일은 있을 수도 없고 있지도 않다고 주장하는 것과 같다. 상식적으로 생각할 때 당연히 설계자가 중간에 팬을 제거하는 일은 가능하다. 게다가 설계자가 중간에 끼어든다고 해서 그 법칙이 없어지는 것도 아니다. 그리고 팬이 설치되어야 엔진이 작동된다는 바로 그 법칙이, 팬을 제거하면 엔진이 작동하지 않는다는 사실도 설명해준다.

그렇기에 데이비드 흄처럼 '기적은 자연법칙을 위반한다'는 주장은 틀린 말이고, 또 본질을 오해하게끔 만든다. 이를 설명하는 데는 C. S. 루이스의 주장이 또 한 번 도움이 된다. 그는 자신의 저서 <기적>에서 이렇게 말했다.

"만일 하나님이 일단 一團의 물질을 전멸시키거나 아니면 창조하거나 굴절시킨다면, 그것은 그분이 바로 그 지점에서 새로운 상황을 창조했다는 것을 의미한다. 이에 따라 모든 자연은 순식간에 이 새로운 상황을 받아들이게 될 것이며, 그 상황에 안주하게 될 것이고, 다른 모든 사건을 이에 적용할 것이다. 그렇게 되면 새로운 상황은 이미 모든 법칙과 일치한다. 그렇기에 하나님이 동정녀의 몸 안에 기적 같은 정자를 만드셨다고 할지라도 그것은 어떠한 법칙을 위반한 것이 아니다. 오히려 새로운 자연법칙을 창조한 것이며 자연법칙은 순식간에 그 상황을 떠안는 형국이 된 것이다. 그리고 정상적인 경우에 나타나는 자연법칙대로 아홉 달 동안의 임신 기간이 지나면 아이가 출생한다."

자연법칙만의 메커니즘으로는 인간은 죽으면 절대

되살아날 수 없다고 말할 수 있다. 하지만 기독교인들은 그리스도가 겨우 그런 메커니즘으로 죽음에서 부활하셨다고 주장하지 않는다. 바로 이 논점이야말로 우리의 토론에서 가장 중요한 쟁점이다. 즉, 기독교인들은 그리스도가 죽음에서 살아나심은 자연법칙을 초월하는 능력 때문이라고 주장한다. 그리고 자연법칙만으로는 그런 가능성을 이해할 수 없다는 것이다. 자연법칙은 단지 어떤 기적이 일어나면 그것이 기적이라는 사실을 우리에게 알려줄 뿐이다. 그래서 기독교인들이 자연법칙을 부인하지 않는다는 사실을 이해하는 것은 아주 중요한 일이다. 오히려 기독교인들의 기본 입장은 '자연법칙은 창조주가 만드신 우주의 규칙성과 인과因果 관계를 설명해 주며, 자연법칙에 따라 우주는 정상적으로 운행된다'는 것이다. 자연법칙을 모른다면 눈으로 기적을 목격할지라도 그것이 기적이라는 것을 결코 깨달을 수 없을 것이다.

 기독교인들과 스티븐 호킹 간의 주요한 관점의 차이는 기독교인들은 우주가 원인과 결과의 폐쇄된 관계로 만들어진 것이 아니라고 생각하는 데에 있다. 즉 기독교인들은 창조주 하나님이 때때로 우주에 개입함으로써 인간이 인지하는 자연법칙이나 인과因果를 뛰어넘는다고 믿는다는 사실이다.

 수많은 학자들과 책들이 '기적이란 예외적으로 일어나는 일'로 정의한다. 기적의 속성은 곧 특이성이다. 그런 맥락에서 호킹은 '자연은 절대적으로 일관된 것'이라는 입장에 함몰되어 있는 듯하다. 즉, 자연법칙에는 예외가 없다고 믿는다. 그러나 기독교인들은 자연법칙이 기적을 불가능하게 할 수 없다는 사실을 잘 알고 있다.

 그렇다면 호킹은 기적이 일어나지 않는다는 것을 어떻게 알 수 있을까?… 역으로 기적에 반대하기 위해 어떤 일들이 절대적으로 한결같이 일어난다는 것을 증명하려면 호킹은 우주 모든 곳에서 매시간 일어나는 사건들을 한꺼번에 살펴볼 능력이 있어야 한다. 그러나 그것은 상식적으로 불가능한 일이다. 인간은 지금껏 이 우주에서 일어난 사건 가운데 겨우 일부만을 관측했을 뿐이며, 목격된 일부 사건 중에서도 극히 소수만 기록되었을 뿐이다. 그러므로 호킹이 과거에 기적이 일어나지 않았는지, 또 미래에 기적이 일어나지 않을지는 알 수 없는 노릇이다. 그는 증명하고 싶은 어떤 현상을 그저 가정했을 뿐이다. 그는 과학에 근거한 믿음이 아닌 자신의 무신론적 세계관에 근거한 믿음을 표현하고 있을 뿐이다.

여기서 문제는 귀납적 원리(과학적 주장의 근거로 사용되는 원리)에 근거한 자연의 일관성이 증명될 수 없다는 점이다. 우리는 앞에서 데이비드 흄이 이 점을 지적했다는 사실을 언급했다. 알리스터 맥그라스는 '이것은 그 어떤 무신론적 세계관 속에서도 정당화되지 않은 순환 논리적 가정일 뿐이다'라고 주장했다. 그러면서 맥그라스는 권위 있는 무신론 철학자인 버트런드 러셀의 다음과 같은 말을 인용한다.

"이미 검증이 끝난 경험은 귀납적 원리의 타당성을 입증해준다. 하지만 검증되지 않은 경험에 관해서는 검증이 끝난 경험을 토대로 아직 검증되지 않은 경험을 추론하는 것을 정당화해주는 것이 귀납적 원리이다. 즉, 경험을 근거로 미래나 경험하지 못한 과거나 미래의 일에 대해 주장하려면 모두 귀납적 원리를 사용해야 한다. 그런데 우리는 미증명 사항을 사실로 가정하지 않고서는 귀납적 원리를 증명하는 데 경험을 사용할 수 없다. 그렇다면 우리는 그것의 고유한 증거를 근거로 귀납적 원리를 받아들이든지,

아니면 미래에 대한 우리의 설명에서 정당성을 포기하든지 양자택일을 해야만 한다."

 이러한 순환 논리적 주장에 대한 합리적인 대안은 기적이 일어났다는 가능성에 열린 마음을 갖는 것뿐이다. 그리고 이것은 증인과 증거에 의존하는 역사학으로 다루어야 할 과제이지 철학으로 다룰 과제가 아니다. 그럼에도 스티븐 호킹의 책 어느 한 군데에서도 그가 '예수님의 부활'과 같은 기적에 대해 역사적으로 실효성 있는 증거가 있는지 없는지를 검증해볼 용의가 있음을 나타내는 문장은 찾아볼 수가 없다. 기적의 가능성에 대해 무조건 마음의 문을 닫고 반대 논리만 생각할 뿐이다. 아마 역사학도 철학처럼 죽었다고 생각하나 보다.

 어느 날 갑자기 무에서 우주가 생겨났다는 주장만큼 믿기 어렵지는 않겠지만, 필자 역시 기적이 본질적으로 믿기 어렵다는 사실은 인정한다. 과학적 사고의 소유자라면 우리는 어떤 기적을 믿기 이전에 그 기적이 정말로 일어났다는 확실한 증거를 요구해야 한다. 그러나 신약성경에 나오는 기적들에서는 이것이 문제가 아니다. 진짜 문제는 이런 기적들이 자연주의 세계관, 즉 자연은 존재하는 그대로이기 때문에 자연 밖에서 자연에 개입하는 존재는 있을 수 없다는 이치를 뿌리째 위협한다는 사실이다. 그리고 그러한 결과는 과학적 연구에서 나온 것이 아니다. 그럼에도 무신론자들은 하나님이 자신들의 불능 레이더망에 어떻게든 침투하지 않을까 우려를 한다.

역설적인 애기로 무신론자들은 창조주를 부인하려다가 자신들의 주장을 뒷받침하는 근거마저 뽑아버리지만, 기독교인들은 창조주에 대한 믿음이야말로 자연의 일관성에 대한 만족할 만한 근거를 마련해주는 요소라고 생각한다.

이에 대해 C. S. 루이스는 다음과 같이 말했다.

"만일 존재하는 모든 것이 자연, 즉 특별한 의미 없이 맞물려 있는 거대한 사건이라고 한다면, 그리고 우리의 뿌리 깊은 믿음이 한낱 염원이나 불합리한 과정의 부산물에 지나지 않는다면, 인간도 자연의 일부이므로 낭연히 인간 안에 있는 합리성과 그에 따른 일관성에 대한 신뢰감은 인간을 초월하는 그 어떤 실체에 대해서 아무것도 애기해줄 수 없으며, 그러한 사실을 뒷받침할 근거를 모두 잃는다. 따라서 오로지 자연주의적 관점에서만 보면, 자연이 일관성을 보인다는 신념은 믿을 수 없는 주장이 되고 만다. 이 주장을 믿을 수 있으려면, 이 주장이 사실이라는 것을 입증해줄 전혀 다른 차원의 진실이 더 필요하다. 만일 가장 깊은 실재, 즉 다른 모든 사실fact들의 근원이 되는 '사실 중의 사실'이 어떤 의미에서 우리 자신과 같은 것이라면, 그러니까 '그 사실 중의 사실'이 '합리적 영혼'이고, 그것으로부터 우리가 합리적 정신을 부여받는다면, 그때서야 우리의 확신은 신뢰할 수 있는 것이 된다. 무질서에 대한 우리의 반감은 자연의 창조자이자 우리의 창조자인 신(하나님)으로부터 물려받은 자질이다. 그리고 우리의 믿음은 우리의 머리 색깔처럼 우리 자신에 관한 사실fact이다."

이와 같이 기적의 가능성을 배제하고 오로지 과학이라는 이름으로 자연과 그것의 과정을 절대시하는 것은 자연의 일관성뿐만 아니라 과학의 합리성을 믿어야 할 모든 근거를 허무는 것으로 끝나고 만다.
반면에 자연은 지성적 창조주가 어우르는 더 큰 실재의 일부분일 뿐이라는 생각은 자연의 질서정연함에 대한 신념을 합리적으로 정당화해준다. 그리고 바로 그러한 신념이 현대과학의 발전을 주도했다. 수세기 전만 해도 날개가 없는 인간이 하늘을 나는 것은 과학적 사고에 위배되는 기적이었다. 그러나 기적의 가능성에 대한 믿음이 인간의 과학을 발전시켰고, 그 기적은 실현되었다. 이와 관련하여 알리스터 맥그라스의 말을 다시 한 번 인용해보자.

"자연이 법칙의 지배를 받는다는 생각은 고대 그리스인이나 로마인 또는 아시아인들의 관념과 부합하는 것으로 보기 어렵다. 이는 기독교의 창조설 내용을 반영하는 유대, 기독교적 전통을 토대로 한다."

자연의 일관성을 설명하기 위해 창조주의 존재를 인정하면, 그 창조주가 자연의 진행 과정에 개입할 가능성 또한 열리게 된다. 자신이 창조한 우주에 적극적으로 개입할 수도 없고, 개입해서도 안 되며, 또 감히 개입하지도 못하는 그런 웃기는 창조주는 없다. 그런데도 스티븐 호킹이 다중우주의 개연성은 믿으면서 기적의 가능성은 믿지 않는다는 것은 앞뒤가 맞지 않는 일이다. 수없이 많은 우주를 만들어 무슨 일이든 일어날 수 있도록 개연성은 인정하면서 기적의 가능성은 거부하다니?… 다중우주의 핵심이야말로 바로 기적이 아니던가?

 영국의 우주물리학자 폴 데이비스는 다음과 같이 말했다.
 "가장 일반적인 다중우주 이론을 살펴보면… 심지어 자연법칙도 무시되고, 어떤 일이라도 일어날 수 있다는 것이다. 그렇다면 최소한 이 우주들 가운데 일부는 물이 포도주로 바뀌는 것과 같은 기적의 특징을 띨 수도 있을 것이다. 이런 우주에서는 초월적인 하나님이 직접 모습을 드러내는 등의 확실한 신앙 체험도 가능할 것이다. 그렇게 되면 일반적인 다중우주 집합에는 하나님의 설계에 대한 전통적인 기독교 개념과 일치하는 부분집합이 존재해야 한다는 결론이 나온다."
 비슷한 예로 노트르담 대학교의 철학과 교수 앨빈 플랜팅가는 이렇게 말했다.
 "만일 존재 가능한 모든 우주가 모두 존재한다면, 하나님이 존재하는 우주도 분명히 있을 것이다."

 지금까지 살펴본 내용을 종합하면 진정한 과학은

기적을 배제하지도 않고 배제할 수도 없다. 따라서 계속해서 증거를 찾고, 사실을 규명하고, 기존의 생각과 다른 사항이 생기더라도 그 결과를 받아들일 준비를 하는 이성적이고 열린 사고가 필요하다. 다락방에 쥐가 있는지 없는지는 다락방에 직접 올라가 보지 않고서는 알 수 없는 일이다. 문제는 어떤 사람들은 다락방에서 쥐를 찾는 것보다 하나님을 찾는 일을 더 두려워한다는 사실이다.

인식론 철학자 데이비드 흄에 대해 한 마디 더하자면, 그는 기적을 부정함에도 자신의 저서 <종교의 자연사> 서문에 다음과 같은 말을 남겼다.

"자연의 전체 프레임은 지성적 설계자의 가능성을 암시한다. 이성적 탐구자라면 진실한 유신론과 종교의 주된 원리에 대해 진지하게 심사숙고한 다음, 단 한 순간도 자신의 믿음을 멈출 수 없다."

맺는 말

 과학과 역사학만이 하나님의 존재에 관한 증거를 보유한 분야는 아니다. 하나님은 위격체(位格體)이지 이론이 아니기 때문에 그분의 존재에 대한 주된 증거는 개인적인 경험일 수밖에 없다. 이 중요한 주제를 더 자세히 논하려면, 이 책이 다루고자 했던 범위를 벗어난다.

 필자는, 이 책을 통해 예수님을 우리 삶의 인도자로 모시고 또 우리의 삶에 활력을 주시는 하나님의 사랑에 대한 확신과 예수님의 부활이 주신 소망이 뒷받침된 깊고 깊은 믿음을 간증하려는 수백만 성도들의 목소리에 필자의 목소리도 보태고 싶을 뿐이다. 이 소망에는 죽음이라는 장벽도, 인간은 별들에서 떨어져 나온 임의의 분자 결합체에 지나지 않는다는 스티븐 호킹의 그 황량한 환원주의적 관념도 장애물이 될 수 없다고 생각한다.

 스티븐 호킹은 '우주에 다른 생명체도 존재할 수 있다는 가능성이 하나님이 특별히 지구를 창조하고 그곳에 인간을 살게 했다는 전통적인 종교적 신념을 약화시킨다' 라고 생각한다.

필자는 무신론자들이 지구 밖의 별에 지성적인 생명체가 존재할 것이라고 강변하는 것이 조금은 재미있기까지 하다. 왜냐하면 그들은 그곳에 계신 진짜 지성적이신 분, 즉 하나님이라 불리며 창조하신 것마다 수없는 지문을 남겨놓으신 초월적 존재에 대한 가능성은 극구 부인하면서, 인간과 같은 또는 인간보다 지능이 뛰어난 지성적 생명체가 있을 것이라고 주장하는 데는 혈안이 되어 있기 때문이다.

이 책에 언급된 핵심 주제들은 앞으로도 더욱 진지하게 연구해볼 가치가 있는 것들이다. 다만 욕심을 부리자면, 많은 독자들이 필자가 스티븐 호킹의 무신론적 배경을 조사하는 과정에서 하나님에 대한 믿음을 더욱 공고히 한 것처럼, 공개적으로 이루어지는 토론에서 주저하지 말고 하나님에 대한 존재를 증거하라고 권장하고 싶다.

육(肉)에 속한 사람은 하나님의 성령의 일을 받지 아니하나니 저희에게는 미련하게 보임이요, 또 깨닫지도 못하나니 이런 일은 영적(靈的)으로라야 분변함이니라. 신령한 자는 모든 것을 판단 하나 자기는 아무에게도 판단을 받지 아니하느니라. 누가 주의 마음을 알아서 주를 가르치겠느냐, 그러나 우리가 그리스도의 마음을 가졌느니라.

〈고린도전서 2장 14절~16절〉

옥스퍼드에서 존 C. 레녹스